하나님의 딸, 정희

하나님의 딸,
정희

기도의 능력으로 살아낸 믿음의 여정

김정희 지음

여디디야
JEDIDIAHBOOKS

신앙의 승리자

김흥규 | 내리교회 담임목사

　내리교회의 식구이자 함께 동역하는 김정희 전도사님의 간증서가 나오게 되어 너무도 기쁩니다. 이 책은 단순한 신앙 간증서가 아니라, 인간 승리 선언서라고 할 수 있습니다.

　너무나 슬프고 고달픈 일들이 꼬리에 꼬리를 물고 계속될 때, 사람들은 자신의 신세를 한탄하거나 남을 탓하고 원망을 퍼부을 수 있습니다. 이렇게 부정적인 반응을 계속하다 보면 자기도 모르게 한탄과 원망이 고치기 어려운 버릇이 되어 비극적인 일생을 마칠 수 있습니다.

　다행히 김정희 전도사님은 극적으로 예수님을 영접한 뒤 신세 한탄과 원망에서 벗어나 하나님과 이웃에게 감사하는 태도로 바뀌었습니다. 계속되는 시련과 사건들의 인생 대역전극에는 두 말할 필요도 없이 김정희 전도사님 일가를 사랑하시는 하나님의 놀라운 은혜와 특별한 섭리가 있었습니다.

또한 전도사님의 남다른 기도의 열심도 한 몫을 했다고 확신합니다. 기도의 시간을 정해놓고 날마다 내리교회의 성전에서 목소리 높여 부르짖는 기도를 하나님께서 들으셨고 고난의 재가 변해 영광의 화관이 되게 하셨습니다. '불의한 재판관과 과부의 비유'의 이야기처럼 전도사님의 끈질긴 기도가 하늘 보좌에 상달되어 집안의 고질적인 우환의 악순환이 끊어졌고 구름 한 점 없는 푸른 하늘이 펼쳐졌습니다.

지금도 기억하는 것은 자녀 중 한 명이 갑자기 건강에 이상 신호가 왔을 때 일입니다. 그때 전도사님이 보이신 신앙의 태도였습니다. 전도사님은 꿈쩍도 하지 않고 매일 아픈 자녀를 위해서 집중하여 기도를 계속 했습니다. 이러한 일들을 많이 겪었고 믿음과 기도로 극복한 단련된 내공이 있었기에 담대히 하나님께 나아가 기도했고 기적과 같이 건강을 회복했습니다.

이 책에는 이와 같은 기도 응답의 체험이 인생의 고비마다 생생하게 펼쳐지고 있습니다. 숨기고 싶은 어두운 기억이나 쓰라린 상처, 부끄러운 치부를 솔직하게 털어놓는 것은 아무나 할 수 있는 일이 아닙니다. 과거는 그랬으나 하나님의 은혜로 다 극복하고 이겨냈다고 외칠 수 있는 진정한 승자만이 할 수 있는 승리의 선언입니다.

이러한 의미로 볼 때 김정희 전도사님과 부군이신 고영찬 장로님 부부와 세 따님과 사위들, 모든 손주들, 친척들은 예수 그리스도를 믿음으로써 극한 고난을 이겨낸 신앙의 승자들이라고 할 수 있습니다. 이 생생한 승리 선언서를 기쁨으로 강력히 추천합니다!

불같은 기도의 사람

김정균 | 기독병원 목사

귀신들린 아이에게 들린 귀신을 쫓아내지 못한 예수님의 제자들이 예수께 물었습니다.

"왜 우리는 귀신을 쫓아내지 못했습니까?"

예수님께서 대답하셨습니다. "이런 유는 기도로 쫓아내지 않고는, 어떤 수로도 쫓아낼 수 없다."

자신의 삶을 이야기로 전하는 일은 듣는 사람들이 어떻게 들었든지 그 이야기의 일부가 듣는 사람의 마음에 남지만 대체로 잊혀지게 됩니다. 그러나 글로 써서 책으로 전해지면 그 삶이 사람들에게 읽혀지면서 계속해서 자신을 드러내게 됩니다. 그래서

책으로 자신의 삶을 남기는 일은 많은 부담이 따르는 일입니다. 그럼에도 이렇게 간증 집을 낸 것은 대단한 용기를 내셨다고 생각됩니다.

이 책의 내용은 김정희 전도사님과 인천기독병원에서 함께 동역한 14년 동안 단편적으로는 들었던 이야기입니다. 전도사님이 겪었던 사건과 그 사건 속에서 특별하게 일어났던 영적인 역사들을 직접 들을 때는 단순하게 '전도사님에게 그런 일들이 있었구나!' 하는 정도로 듣곤 했습니다.

그런데 이렇게 삶 전체와 그 가운데 일어났던 사건들을 차례대로 다듬고 정리한 글로 읽으면서 전도사님의 삶을 통해 겪었던 많은 영적인 체험들을 하나의 고리처럼 잇는 중심적인 맥이 있음을 알게 되었습니다.

그 모든 영적 체험의 중심적인 맥은 바로 전도사님의 하나님을 향한 '불같은 기도'라고 생각됩니다.

생의 지독한 고통 속에서 원치 않게 자신에게 내려진 신기(神氣) 때문에 듣게 된 한 무당의 말 "예수 믿으면 무당 안 해도 돼"로 시작된 신앙생활은 자신의 의지보다 하나님의 강권하시는 힘에 붙들려서 얍복강에서 하나님의 천사와 겨루었던 야곱의 씨름과 같은 기도를 할 수 밖에 없었고 결국 그 기도에 응답하신 하나님의 역사로 채워진 삶이었음을 알 수 있었습니다.

하나님의 딸, 정희 ●

전도사님이 경험했던 수많은 체험은 예수님께서 말씀하신 '이런 유'들이고 전도사님의 불같은 기도의 증거였다고 생각됩니다. 기도한다는 많은 사람들이 이렇게 영적인 체험들과 증거들을 가지면 자칫 영적인 교만에 빠지고 그 체험들이 자랑이 되는 것을 보곤 합니다. 하지만 전도사님의 간증은 영적 체험 가운데서 자신이 주님 앞에서 어떤 존재인가를 성찰하면서 받아들였고 그 모든 것은 자신을 긍휼히 여기시는 주님의 은혜임을 잊지 않는 겸손을 읽을 수 있었습니다.

신앙 간증은 간증자의 개인적인 체험을 말함으로 하나님과의 특별한 관계를 말하려는 경향이 많이 봅니다. 하지만 전도사님의 간증이 자신과 하나님과의 특별한 관계를 말하고자 함이 아니고 자기를 긍휼히 여기신 하나님의 자비를 입은 삶이라는 것을 말하고 있기에 읽는 사람들에게 그 은혜를 나누고 있다는 생각합니다.

김정희 전도사님의 간증집 〈하나님의 딸, 정희〉가 비슷한 고통과 아픔을 겪는 사람들에게 큰 위로와 힘이 되고 그 고통과 아픔 가운데서 하나님께로 나아가게 하는 축복의 통로가 되리라 생각합니다.

베들레헴 지하성전에서 듣던
고모의 기도소리

김자영 | 조카, 선교사

1991년 여름, 서울 모처에서 큰 불이 났습니다. 그 사고로 김정희 전도사님은 사랑하는 남동생 부부를 잃었습니다. 둘째 조카는 전신화상으로 중환자실에 입원하였습니다. 그러나 그토록 큰 화재였음에도 불구하고 남동생의 큰 딸, 김정희 전도사님의 첫째 조카는 털끝 하나 상하지 않았습니다. 제가 바로 하나님께서 두 번째 인생을 살도록 허락하신 김정희 전도사님의 첫째 조카, 김자영 목사입니다.

당시 저는 부모님의 장례식 후 얼마간 큰 고모 댁에서 지내게 되었습니다. 그러나 밤이면 불안함에 쉽게 잠들 수 없었습니다. 지금 내가 누워 있는 이곳, 큰 고모 댁에도 불이 나면 어쩌나 하는 불안감 때문이었습니다. 그런 저에게도 안식처는 있었습니다. 그곳은 큰 고모가 출석하셨던 내리교회의 베들레헴 지하성전이었습니다. 큰 고모는 매일 밤 기도하러 교회에 가셨습니다. 잠이 오지 않을 때는 종종 고모를 따라 교회에 갔습니다.

기도하는 법도, 믿음이 무엇인지도 모르던 저였지만 그 기도의 자리가 참 좋았습니다. 고모의 기도소리가 자장가처럼 들렸습니다. 밤마다 간절히 부르짖으며 기도하시던 고모의 기도소리를 들으며 그 옆에서 방석을 길게 깔고 누워서 잠을 청했던 기억이 지금도 선명합니다. 모든 기억을 다 지우고만 싶었던 시절이지만, 고모의 기도소리, 고모의 눈물, 간절히 부르짖으시던 고모의 모습은 기억이 납니다.

신학대학원을 다니던 어느 여름 방학, 고모와 함께 금식기도원에 갔습니다. 오가는 고속버스 안에서, 그리고 사흘간 기도원에서 함께 시간을 보내며 처음으로 고모의 삶의 이야기를 들었습니다. 어릴 적 사고를 겪은 후, 늘 삶이 버거워 다른 가족을 돌아볼 여유도 마음도 없었던 저였는데, 큰고모는 온 가족의 삶의 무게를 믿음으로 짊어지고 온 가족의 구원을 위해 무릎으로 사셨음을 알게 되었습니다. 삶으로 살아내며 복음을 전하는 전도

자의 삶을 살고 계심을 알게 되었습니다.

이 책은 고모의 무릎이 들려주는 이야기입니다. 그동안 꽁꽁 숨겨두었던, 그 누구에게도 다 꺼내놓지 못했던, 그러나 우리 모두가 알고 경험해야 하는 믿음의 이야기들이 이 안에 담겨져 있습니다. 〈하나님의 딸, 정희〉를 통해 하나님께서 행하셨던 일들을 저 역시 이 책을 통해 보게 되었습니다.

마지막 시대를 살고 있다고 우리는 말합니다. 더 많은 성도들이 부르짖으며 하나님의 일하심을 기대하며 기도해야 하는 때임에도 불구하고, 많은 한국 교회들의 기도소리가 점점 줄어가고 있음을 우리는 부인할 수 없습니다. 이러한 안타까운 시대 가운데 서 있는 우리에게 〈하나님의 딸, 정희〉는 우리의 기도를 들으시고 우리와 함께 고통 당하시고 함께 아파하시고 우리의 기도에 응답하시는 하나님께 한걸음 더 가까이 다가가는 책이 될 것입니다.

고난 당한 것이 내게 유익이라

이로 말미암아 내가 주의 율례들을 배우게 되었나이다

시편 119:71

내 안에 예수가 사시니
오늘도 그 사랑을 전하리

이 땅에서 나는 참으로 굴곡 많은 인생, 칠십 해를 살아왔다. 20대에는 이런 시집살이가 있을까 싶게 시어머니에게 구박을 당했으며 또한 남편에게도 호되게 당하며 살았다. 내 인생의 첫 장은 이 책의 1부의 이야기인 나의 출생에서부터 20대 시집살이에 대한 기록이다.

예수님을 믿은지도 어느덧 40년이 훌쩍 지났다. 감사하게도 오랜 세월을 '예수의 증거자'로 살아왔다. 예수님이 지난 내 삶에 함께 하신 이야기를 들려주면 복음을 더욱 확실하게 전할 수 있었다. 병원에서도, 전도하는 사람들에게도 수없이 간증으로 복음을 전했다.

　지난 내 삶의 흔적은 예수님이 함께 하신 놀라운 일들로 넘쳐
난다. 늘 간증을 할 때마다 어디서 들어보지 못한 간증이라며 책
으로 내야 한다는 말을 주변에서 수도 없이 듣고 살았다. 한번은
하나님께 여쭈어보고 싶었다. 그래서 기도했더니 하나님은 책을
내라는 마음을 주셨다.

　그런데 나는 글을 잘 쓸 재주도 용기도 없었다. 무엇보다 간증
서를 쓰는 과정에서 가까운 사람의 허물을 공개해야 한다는 사
실이 몹시 부담스러웠다. 혹시나 나로 인해 누군가가 상처받고
고통받아서 실족한다면 어쩐단 말인가. 또 내 뜻과 다르게 자랑
이 되거나, 나를 높이는 내용으로 비춰질까 두려웠다. 그래서 생

각만 하고 마음으로는 포기하고 있었다. 그런 중에 책을 쓰게 된 결정적인 사건이 생겼다.

2018년 가을, 어느 날이었다. 갑자기 온몸에 열이 많이 나서 집에서 가까운 병원으로 갔더니 몇가지 검사 후에 빨리 큰 병원에 가라고 했다. 정밀 검사 결과는 폐렴이었다. 몇 년 전에 폐렴 예방 접종을 한 뒤라 폐렴일꺼라고는 전혀 생각하지 않았었다.

병원에 바로 입원해서도 계속 '왜 내가 폐렴에 걸렸을까' 하고 의아해 했다. 치료를 계속적으로 받았지만 나아지기는 커녕, 차도가 없고 오히려 악화되어 갔다. 열이 떨어지지 않고 기침이 심해져 가슴 통증으로 고통스러워 울면서 주님께 기도했다.

"주님, 주님을 위해 열심히 산다고 살았는데, 주님께 무엇을 잘못했나요…?", "주님, 누가 그러는데요. 나이가 들어서 폐렴에 걸리면 목숨도 위험하다고 해요.", "주님, 저를 데려가려고 하시는 겁니까? 지난 잘못을 회개하겠사오니 무엇을 잘못했는지 깨닫게 해주세요."

매일 간절히 기도하며 눈물로 침상을 적셨다. 회개할 일이 있다면 알려달라고 작정하여 기도하던 어느 날. 긴 침묵 끝에 예수님의 음성이 들렸다.

"사랑하는 내 딸아. 몇 년 전부터 많은 사람에게 읽히게 하려고 간증책을 내라는 마음을 심어 주었는데, 왜 그렇게 불순종하는 것이냐?"

호통치시는 주님의 음성에 깜짝 놀라, 간증집을 포기하고 있던 마음을 용서해 달라며 회개했다.

"이 죄인을 불쌍히 여겨 주세요. 주님!"하며 한참을 울며 회개했더니, 놀랍게도 쉽게 떨어지지 않던 열이 순식간에 훅 떨어지는 것이 아닌가.

하나님은 나의 불순종을 깨닫게 하시고, 폐렴을 깨끗하게 고쳐주셨다. 퇴원을 하고 난 뒤 베들레헴 성전에서 드린 나의 기도는 책을 잘 쓰게 해달라는 내용으로 바뀌었다.

책을 쓰는 일은 기쁨도 컸지만 어디에서부터 시작해서, 어떻게 풀어가야 할까? 머릿속에서는 그동안 살아온 삶의 이야기가 실타래처럼 온통 뒤엉켜서 좀처럼 풀리지 않았다. 당장 어제의 일도 가물가물한데, 오래전 일들을 모두 글로 담아내는 것은 쉽지 않았다. 무엇보다 나를 아는 분들이 아무도 상처받지 않고, 꼭 써야 할 내용 또한 빠짐없이 모두 기록할 수 있게 해달라고 하나님께 지혜를 구하며 한 장, 한

장 정성을 다해 썼다.

이 책이 나오기까지 여러 사람의 도움을 받았다. 노트에 손으로 기록한 글을 컴퓨터로 옮기는 작업은 조카와 나의 딸들이 많이 도와주었다. 또한 여디디야 출판사에서 이 책의 처음부터 끝까지 맡아서 내실있게 내용을 다듬어 주었다.

이 책을 위해 기도해주신 중보기도자들과 내리교회 김홍규 담임목사님, 기독교병원 김정균 목사님, 조카 목사님과 그리고 남편과 세 딸 등 힘이 되어준 모든 분께 감사를 드린다. 하나님께 순종하여 책을 썼다는 사실만으로 감사하다. 하나님께 드릴 숙제를 마침내 끝냈다는 사실만으로 마음이 후련하다.

내 생의 첫 책이 나올 수 있었던 것은 전적으로 하나님의 은혜이다. 내 인생에 임하신 세밀하신 하나님의 은혜가 있었기에 하나님을 자랑하고 간증할 수 있음을 고백한다.

나는 한 명의 평범한 전도자일 뿐이다. 부족하지만 이 책이 하나님의 영광을 가리지 않기를 바라며 다만 이 책을 통해 기도와 전도를 사모하는 성도들을 비롯하여 믿는 자의 많은 수가 예수님께로, 또한 천국 본향으로 이끄는 귀한 통로가 되길 기도 드린다. 그리고 하나님과 함께 동행하는 인생에 놀라운 기쁨을 발견하기를 바란다. 나아가 주님을 전하는 일을 기뻐하는 '기도를 사

하나님의 딸, 정희 ●

모하는 전도자'로 세워지기를 간절히 바란다.

아직 예수님을 만나지 못한 분들이 주님께로 돌아오는 통로가 되기를 믿음으로 간구한다. 천국 도서관에 영광스럽게 꽂히는 하나님의 마음을 시원케 해드리는 책이 된다면 더 바랄 것이 없을 것 같다.

이제 내가 할 일을 마쳤으므로, 나머지 일은 주님이 하실 것이다. 그때는 고통스러웠고 이해할 수 없었던 시절을 잘 지나오게 하셔서 간증자로 세워주신 하나님께 감사와 찬양을 올려 드리며……

날마다 예수님으로 행복한 전도자

김정희 올림

| 차례 : CONTENTS |

추천사 | 4

프롤로그 | 14

Part 1
고난이 연단이 되어
정금같이 나아 오리라

01_ 세 번 이혼에 무당이 될 아이 - 26

02_ 끝이 보이지 않는 석모도 시집살이 - 30

03_ 감쪽같은 두 얼굴의 시어머니 - 38

04_ 차라리 내가 없어지면 되겠지 - 42

05_ 어깨가 빠진 채로 석모도에서 도망치다 - 51

06_ 둘째 낳고 생긴 신기(神氣) - 56

07_ 산후통과 원인 모를 통증 - 64

08_ 무당이 예수를 믿으라니 - 70

Part 2

책갈피 말씀으로
시작한 믿음의 여정

09_ 가나안 잔칫집 같은 교회, 속사랑을 받다 - 76

10_ 시이모님의 삶에서 예수님을 보다 - 82

11_ 부산에서 온 뜻밖의 손님 - 86

12_ 예수님의 십자가로 사탄과 싸우다 - 91

13_ 하나님이 주신 선물, 불같은 회개 - 93

14_ 예수님과 천국에 가다 - 97

15_ 하나님, 저도 기도를 잘하고 싶어요 - 101

16_ 나는 몇 달란트의 종인가? - 112

17_ 국수 삶는 자와 국수 꾸미 담는 자의 상(賞) - 117

18_ 나의 마지막 가는 날 - 121

Part 3

말씀의 반석 위에 서서
복음의 군사가 되다

19_ 전도의 첫 열매, 핫도그 아줌마 금자 씨 - 128

20_ 칼부림 끝에 전도한 셋방 아기 엄마 - 134

21_ 스님에게 실망한 큰어머니를 예수님께로 - 140

22_ 탕자 남편의 극적인 회심 - 146

23_ 남편의 자나 깨나 오직 전도 - 155

24_ 아들들입니까, 하나님입니까? - 159

25_ 환상 중에 어머니에게 열린 천국과 지옥 - 166

26_ 엉엉엉, 누나만 천국 가고 나는 지옥 가잖아 - 170

27_ 화마(火魔) 속에서 건져진 두 조카 - 172

28_ 무당 팔자에서 벗어나고 싶으세요? - 183

29_ 나의 동갑내기 조현병 친구 - 188

Part 4
예수님의 깊은
가르침대로 살아가다

30_ 심은 대로 거두는 하나님 나라의 법칙 - 196

31_ 뒤늦게 예수님을 만난 시어머니 - 202

32_ 치매 시어머니와 진정한 회복 - 207

33_ 불교 집안의 종갓집에 시집간 딸 - 215

34_ 손녀딸을 위한 긴급한 기도 - 219

35_ 우리의 빽은 하나님의 블랙박스 - 223

36_ 7cm의 암이 가져온 회개와 기적 - 228

37_ 60대 40의 풍성한 은혜, 좌하면 우하리라 - 232

38_ 현숙한 아내가 되어라 - 236

Part 5
우는 자들과 함께 울었던
병원 전도사역 14년

39_ 늦깎이 신학생의 간절한 소망 - 242

40_ 전도 황금어장의 무보수 사역자 - 247

41_ 아픈 건 괜찮은데, 이제 전도는 어떡해요! - 249

42_ 멈출 수 없던 제단 헌화 - 253

43_ 치매를 앓던 여자 장로님의 '제발 요양원만은' - 256

44_ 휠체어 청년의 생명수 기적 - 259

45_ 강퍅한 당뇨 병자의 마귀 화살 - 262

46_ 병원 전도사역을 소망하는 이들에게 - 266

에필로그 | 기도는 '호흡'이요, '사랑'이다 - 270

집으로 오는 길에 난생처음으로
"하나님"하고 불러 보았다.
어색한 이름이지만, 싫지 않았다.
아니, 계속 부르고 싶었다.
무당이 되는 과정은
병을 얻어야 하고 잃어야 할 것도 많았지만,
하나님을 믿는다고 생각하니
어쩐지 내 삶에 희망이 보이는 듯했다.
하나님, 하나님, 하나님….
그 이름을 부를 때마다 힘이 생기는 것 같았다.
마음에 평화가 생기고 기분이 좋아지는 것 같았다.

고난이 연단이 되어
정금같이 나아오리라

세 번 이혼에
무당이 될 아이

한국 전쟁이 일어난 1950년, 그해 7월 7일, 충남 서산의 작은 시골 마을에서 나는 7남매 중 맏이로 태어났다. 아버지는 결혼 후 몇 해 동안 자식을 얻지 못한 터라, 딸인데도 나를 무척 기뻐하셨다. 이쁜 딸이 태어난 기쁨에 대문 앞에 고추랑 숯을 주렁주렁 달아 금줄을 멋지게 쳤다고 한다. 그러나 기쁨은 오래가지 못했다. 어느 날 불쑥 집마당으로 들어온 지나가던 스님이 던진 청천벽력 같은 말 한마디에 나는 태어난 지 며칠도 되지 않아 온 가족의 근심거리가 되었다.

"허허, 이 아이는 참으로 기구한 운명이구면. 세 번 시집 가도 세 번 다 실패하고, 혼자가 될 운명이야. 쯧쯧, 결국에는 무당이 될 팔자라고! 허허!"

"큰일 났구나! 세 번씩이나 이혼하고, 무당까지 될 팔자라니! 이혼해서 손가락질 받고 천덕꾸러기가 될 바에는 차라리 내가 데리고 살아야겠어."

불교 집안은 아니었지만 집안대대로 기복신앙을 신봉하며 우상을 섬겼다. 집 안에는 성황당도 있었고 정화수를 떠 놓고 복을 빌곤 했다.

스님의 말은 아버지에게 벼락같은 충격을 주었다. '아, 세 번 이혼에, 무당이 될 아이라니…….', 아버지의 기쁨은 순식간에 염려로 변했다. 그때 아버지가 묶여버린 스님의 말은 내가 사는 날 동안 인생의 크나큰 올무가 되었다. 그렇게 나는 '사주가 드센 첫째 딸'로 낙인이 찍혀 버렸다. 불행하게도 태어난 지 불과 며칠 만에…….

이후로 부모님은 나를 염려하느라 한시도 편해 보이지 않았다. 곱게 키운 딸이 정말 무당이 되면 어쩌나 노심초사하며 걱정하시던 모습이 지금도 눈에 선하다. 그런 안타까움 때문인지 아버지는 자녀 중에서 유독 나를 예뻐해 주셨다. 초등학교 3학년이 되기까지 당신 등에 업고 학교에 데리고 가셨으니 말이다. 먹고 살기 팍팍하던 그 시절에도, 나는 어미 새의 보호 아래 숨은 새끼 새처럼 아버지의 사랑을 듬뿍 받으며 귀하게 자랐다.

중매로 만난 모태 신앙인 남편

어느덧 스무 살이 되었다. 혼기가 꽉 찼지만 시집을 가고 싶은 마음이 눈곱만큼도 없었다. 아니, 결혼에 대한 기대나 소망이 아예 없었다. 할 수만 있다면 시집가지 않고 최대한 버티고 싶었다. 사는 게 버거운 탓에 부모님이 자주 싸워 우리 가정은 행복하지 않았다. 내 마음을 아시는지 모르는지, 어머니는 내 뜻과는 상관없이 한시라도 서둘러 시집보내려고 했다. 그 시절엔 부모가 당신의 짐 좀 덜자고 아들은 머슴으로, 딸은 식모로도 보내던 때였다. 이듬해인 스물한 살 꽃다운 나이에 나는 부모님에게서 등 떠밀려 시집이란 걸 가야만 했다.

중매로 남편을 만났다. 친정 큰어머니와 남편 쪽의 시이모님(시어머니의 언니)이 다리를 놓았다. 첫 만남에 나는 남편이 영 마음에 들지 않았다. 그다지 끌리는 외모가 아니었다. 그러나 남편은 나에게 적극적이었고 시이모님까지도 나를 마음에 들어 하여 나는 싫다 좋다 말해볼 틈조차 없었다. 많은 식솔이 부담스러워 하루라도 빨리 나를 서둘러 집에서 내보내고 싶은 어머니와는 달리, 나의 결혼에 대한 아버지의 반응은 냉담했다.

"그 스님 말대로라면 시집가면 너는 언젠가는 이혼하게 될 거고 무당이 될 게다."

아버지는 상대가 누군지는 묻지도 않으시고, 결혼은 절대 안

하나님의 딸, 정희 ●

된다며 나의 결혼을 완강하게 반대했다. 여전히 큰딸의 사주에 묶여 사시는 아버지와 무심코 지나가던 스님의 허튼소리를 아직도 믿느냐고 하시는 어머니는, 나의 결혼문제로 크게 다투셨다.

선을 본 남자와의 만남이 계속 될수록 하루라도 빨리 시집을 가고 싶다는 마음이 내 안에 커졌다. 시집 보내 달라며 아버지께 떼를 쓰며 매달렸다. 무당 될 팔자라는 말이 여전히 두려웠지만 착하고 성실해 보이는 남편에게 믿음이 갔다. 남편은 여전히 적극적이었고 시이모님과 친정어머니도 내 편이어서 나는 결국 아버지의 결혼 승낙을 받아냈다. 앞으로 나에게 어떤 삶이 펼쳐질지 알 수는 없으나 기구한 운명과 부딪혀 이겨내 보고 싶었다. 아버지를 생각해서라도 나는 정말 잘 살아야 했다. 꼭 그래야만 했다.

2
chapter

끝이 안 보이는
석모도 시집살이

　강화군 삼산면에 딸린 작은 섬 석모도, 그곳에서 나의 신혼생활은 시작되었다. 꿈같은 신혼은 남의 이야기였다. 고난과 연단의 연속인 혹독한 시집살이가 시작되었다.

　한때 충신들의 유배지로 사용된 석모도는 강화에서 배를 타야 들어갈 수 있었다. 내가 시집갈 때만 해도 그 옛날 보릿고개 시절이라 먹을 것이 참 귀했다. 또, 일단 시집가면 그 집 귀신이 될 때까지 친정과 연을 끊고 살아야 하는 것이 관례였다. 그러니 그 시절엔 이혼이란 건 꿈도 꿀 수 없었다.

　남편은 결혼한 지 일주일도 채 못되어 군에 입대했다. 나는 홀로 남아 시부모님과 장남인 홀 시아주버님의 틈바구니에서 살아

하나님의 딸, 정희 ●

야 했다. 남편은 3형제 중 막내였는데, 둘째 형은 서울에 살았고, 함께 살던 첫째 형은 지능이 네다섯 살 수준에 멈춰 있었다.

나를 가장 어렵게 한 사람은 단연 시어머니였다. 시어머니는 두 얼굴을 가진 분이었다. 집에서는 말도 험하게 하고 자기 주장이 무척 강한 분이었으나, 교회만 가면 완전히 전혀 다른 사람이 되었다. 교회에서는 그렇게 좋은 사람일 수가 없었다. 시어머니는 2대째 예수 믿는 집안의 모태 신앙인이었는데, 교회에서 열심히 봉사하는 신앙 좋은 집사님으로 통했다.

시어머니는 결혼 며칠 만에 홀로된 나를 전혀 안 쓰러워하지 않으셨다. 당신 밑에서 시집살이하는 나를 무시하고 천대했다. 전혀 상상도 못 한 일이라 나는 당황했고 한편으론 왜 내가 이런 설움을 당해야 하나 싶어 억울했다. 말로만 듣던 시집살이가 시작된 것이다. '어머니는 왜 그렇게 나를 못마땅해하시는 걸까? 왜 그리 못살게 굴까?' 나는 도무지 그 이유를 알 수 없어 정말 답답했다.

시부모님과 한방살이

시어머니는 성격이 불같아서 무슨 일이 당신의 뜻대로 안되면 단식까지 불사하는 분이었다. 심지어 10일 단식을 해서라도 자기 고집대로 해야 직성이 풀리는 성격이었다. 이와는 다르게 시아버지는 호인인데다 마음까지 착해서 아내에게 아무 대꾸도 못 하셨다.

아닌 밤중에 홍두깨요 자다가 날벼락이라더니, 핍박이 시작된 건 남편이 군대에 가고 난 직후부터였다. 시부모와 낯이 채 익기도 전에 시부모와의 한 방 살이가 시작되었다. 한 집에 사는 것만으로도 편치 않은데, 세상에! 옆방도 아니고, 한 방을 사용하라는 것이 아닌가. 남편도 없는 새댁더러 그것도 시부모의 사이에 끼어 자라는 것이 말이나 될 법한 소리인가! 정말 어처구니가 없고 상상하기도 싫었다. 남편 없는 설움이란 게 이런 걸까? 방이 없는 것도 아닌데 왜 내가 이런 수모를 당해야 하지? 내 머리로는 도무지 이해가 안 되어 시어머니에게 조심스레 물어보았다.

"어머니, 제가 왜 시부모님 사이에서 자야 하나요? 더군다나 시아버지 옆에서 어떻게 잠이 오나요."

"이년아, 시아버지 옆에서 자라면 고분고분 따르면 될 것이지 왜 그리 잔말이 많으냐!"

나는 며느리나 정희라는 이름 대신 '이년'으로 불리며 다짜고짜 욕지거리부터 들어야 했다. 고래고래 악을 쓰며, 막무가내였다. 당황하다 못해 서러움이 밀려왔다. '교회 집사라는 분이 왜 저렇게 못되게 하시지?'

시어머니의 본색은 날이 갈수록 낱낱이 드러났다. 교회 집사라는 양반이 집에서는 폭군이요, 입이 아주 거칠었다. 교회에서와 집에서의 모습이 정말 하늘과 땅 차이였다. 사람이 어쩌면 저렇게 전혀 딴판 일 수가 있지? 그것도 교회에 다니는 신앙인이라는 사람이! 어디에서 다 주워들은 건지, 세상에 그런 욕도 있나 싶게 정말 못하는 욕이 없었다. 혀를 내두를 지경이었다. '아, 이제 나는 죽었구나!' 이후로 나는 무섭고 주눅이 들었다. 대들기는커녕 시키는 것은 뭐든 이유를 묻지도 따지지도 않고 다 했다.

구박에 구박을 겪고

어느 날, 정말 이해 못할 사건이 일어났다. 한겨울이었다. 시댁은 아궁이에 땔감을 넣고 불을 지펴 방을 데우는 시골집이어서 새벽이면 방이 다 식어 무척 추웠다. 너무 추워 이불을 덮으려는데 누군가가 거칠게 휙 빼앗아가는 것이 아닌가. 시어머니였다. 그렇게 나에게서 이불을 빼앗아간 시어머니는 식구 중에 나에게만 이불을 따로 주시지 않았다. 군대에 있는 신랑은 추워 덜덜 떨고 있는데 아내가 어찌 혼자만 따뜻하게 잘 수가 있느냐고 하면서.

그러더니 그네 식구들끼리는 두꺼운 이불을 덮고 잘도 잤다. 안 그래도 추운 한겨울을, 나는 시린 마음과 차디찬 몸으로 지내야 했다. 시어머니의 터무니없는 구박 속에서 그 겨울이 무척 길고 엄청 춥게 느껴졌다. 이불도 못 덮은 채 한겨울 내내 보내려니 정말 너무 추웠다. 매일 밤 나는 벌벌 떨었다. 칼날 같은 추위에 가만있어도 살을 베이는 것만 같았다.

날 선 추위를 참다못해 어느 날에는, 몸을 바짝 웅크려 누운 채로 자고 있다가 나도 모르게 시아버지가 덮고 있던 이불 속으로 내 발을 슬며시 밀어 넣은 적도 있었다. 한술 더 떠 시아버지의 코 고는 소리가 온 방을 쩌렁쩌렁 울렸다. 그런 탓에 자다가도 놀라 깨어 뜬눈으로 밤을 지새우는 날도 많았다. 겨우 잠이 들려는 참에 누군가가 나를 발로 툭툭 찼다. 시어머니였다. 또 무슨 일로 나를 못살게 굴려는 걸까. 시어머니 당신은 예배당으로 새벽기도를 가야 하니 나더러 일어나 소죽을 쑤라고 했다. 그길로 부엌으로 가서 죽을 쑤려고 아궁이에 불을 때고 쭈그리고 앉아 있으려니 추위에 떨다가 갑자기 누리는 불의 온기에 깜빡 잠이 쏟아졌다.

그렇게 깜빡깜빡 졸다가 눈썹이며 머리카락을 태워 먹은 적이 한두 번이 아니었다. 신기한 것은 내가 겪는 그 어처구니없는 상황이 슬프다기보다는 왠지 모를 헛웃음이 났다. 한겨울에 하루 중 유일하게 온기를 느낄 수 있는 아궁이 불 앞에 앉아 있을 때가 나는 참 행복했다. 잠시지만 그 당시 아궁이 사이로 피어오

하나님의 딸, 정희 ●

르는 따뜻한 불을 쬘 수 있는 그때는 나에겐 천국을 누리는 시간이었다. 자다 깨어 소죽을 쑤는 일은 물론 많이 고단한 일이었지만, 그 힘든 시집살이를 모두 견뎌낼 만큼 나는 그 시간이 참으로 좋았다.

어둠의 터널은 언제쯤 끝나려나

그해 음력 12월 한 겨울에, 첫 딸 애경이가 태어났다. 그래도 시어머님이 이제 막 출산한 며느리 밥은 몇일이라도 챙겨주시겠지 하고 기대했다. 그런데 시어머니는 몸도 채 추스르기 전인 나에게 "이제 네가 밥도 하고, 살림도 맡아 해라"하며 나 몰라라 하시는 것이 아닌가.

집안 살림은 온전히 나 혼자만의 몫이었다. 일을 하러 나가면 아기는 집에서 시부모님이 번갈아 가며 보셨다. 딸이 없던 시아버님은 손녀딸을 예뻐하여 어쩔 줄 몰라 했지만 시어머니는 이마저도 냉랭했다. 집에는 날마다 빨랫감이 넘쳐났다. 늘 해오던 집안 식구들의 옷에 더하여 이제는 갓 낳은 아기의 천기저귀까지 빨아야 하니 정말 체력이 따라주지 않았다. 물이라도 마음껏 사용할 수 있으면 원이 없으련만 아쉽게도 시댁의 뜰 안에는 우물이 없었다. 빨래도 할 겸 마실 물을 구하러 어쩔 수 없이 200~300m 떨어진 동리까지 가서 우물물을 길어 와야 했다.

나는 두레박으로 우물물을 퍼 올려 빨래했다. 한겨울에 산고를 치른 지 얼마 안 되어 온갖 집안 일을 하느라 어느새 손과 발에는 동상이 걸려 아침이 되면 온몸이 퉁퉁 부어 있었다. 잠도 제대로 못 자는 날이 계속되다 보니 입맛이라고는 전혀 없었다. 식사, 빨래, 부엌일 등 온갖 집안 일은 물론이고, 정신은 유아 수준에 몸만 자란 홀 시아주버님의 뒷바라지까지 하느라고 하루하루가 참으로 길고 고단했다.

남편만 아니라면, 어린 아기인 애경이만 아니라면, 정말 그 지긋지긋한 석모도를 떠나고 싶은 마음이 굴뚝같았다. 하루에도 여러 차례였다. 남편이 제대할 때까지만 참자고 다짐 또 다짐했다. 그러다가도 화가 난 시어머니가 몽둥이로 내 머리를 때릴 때는 그 충격으로 앞이 캄캄해지고는 했다. 실제로 눈에서 별이 보일 정도였다. 매를 맞는 순간에는 살고 싶지 않다는 생각이 정말 간절했다. 슬프지도 않았고 눈물도 나지 않았다. 아무 힘없이 맞고 지내는 내 신세가 그저 처량할 뿐이었다. 의지하고 기댈 곳도 하소연할 곳도 없었다. 일부종사하며 한 집안의 며느리가 되는 길이 이리도 험난한 것인가. 이 긴 어둠의 터널은 과연 언제쯤 끝나려나…….

나는 남편이 어서 돌아오기만을 손꼽아 기다렸다. 입대 첫날부터 제대할 날만을 손꼽아 기다리는 초년병 군인과도 같은 심

하나님의 딸, 정희 ●

정으로……. 모르긴 해도 아마 남편도 나처럼, 집으로 돌아올 날
만을 손꼽아 기다리고 있겠지…….

감쪽같은
두 얼굴의 시어머니

하루 일과라고는 교회에 가시는 것이 전부인데도 시어머니는 온종일 바빴다. 새벽부터 저녁까지 밤낮없이 하루에도 몇 차례 들락거리며 늘 교회에 계셨다. 청소며, 살림살이며, 교회 밭 일에, 장 담그기 등 '교회 봉사'라면 뭐든 마다치 않고 둘째가라면 서러워할 정도로 두 팔 걷어붙이고 모두 도맡아 하며 최선을 다해 죽도록 충성하셨다.

목사님을 섬기는 일이라면 주님 섬기듯이 최선을 다해 섬겼다. 교회에서는 무엇을 하든 특심이 있어 열심으로는 도무지 시어머니를 따를 자가 없었다. 봄부터 초가을까지는 시어머니의 열심이 더욱더 심했다. 우리 집에는 화분이 많았다. 시어머니는

하나님의 딸, 정희 ●

봄이면 그 화분에 하늘고추, 국화꽃, 맨드라미, 봉숭아 등의 크게 자라지 않는 꽃나무들을 이것저것 아주 골고루 씨앗을 뿌려 심으셨다. 그 나무가 자라 꽃이 피면, 그때 가서 그 꽃들을 꺾어 꽃꽂이용으로 교회를 장식하셨다.

시어머니는 머리가 비상하고, 지혜로웠다. 그래서 뭔가를 해야 하면 뛰어난 아이디어로 솜씨 좋게 잘 해냈다. 특히 창의성이 뛰어났다. 그러한 탁월함은 교회 봉사에서도 빛을 발했다. 강대상용 꽃장식을 할 때도 평범하지 않았다. 예를 들면 이런 식이다.

가을이면, 감이며 대추며 열매 나무들을 꺾어 50㎝ 보온병만 한 크기의 유리병 안에 모래 대신 색색 곡식을 종류별로 빼곡히 넣어 장식하듯이 예쁘게 채웠다. 그 곡식들 사이에 밤나무, 감나무, 고추나무 등의 나뭇가지들을 꽂아 만든 예쁜 유리병으로 교회 강대상 양쪽을 장식하셨다. 그러면 누가 보기에도 그렇게 예쁠 수가 없었다. 유리병 안의 꽃이 시들면 병 속에 든 곡물은 목사님 댁 가정이 맛있게 요리해서 드셨다. 그런 면에서 시어머니는 참 지혜로웠다.

이러하니 누가 보더라도 시어머니는 교회에선 정말 칭찬받을 만한 분이었다. 아니, 사실 시어머니는 교회에서는 남들이 알아주는 믿음이 아주 신실한 인물의 표상이었다. 항상 웃는 얼굴로 누구에게나 나긋나긋하며 친절한 건 기본이고, 새벽 예배에 빠지기를 하나, 십일조 생활을 소홀히 하기를 하나, 목회자에게 못하길 하나, 교회 사람들과 관계가 안 좋기를 하나, 뭐 하나 빠지는 것이 없었다.

교회에서 보자면, 교회를 향한 열심이나 진실함과 신실함이 도무지 세상에서 우리 시어머니를 따를 자가 있을까 싶게 아주 감쪽같이 교인들의 눈을 잘도 속였다. 세상에, 어쩌면 그렇게 감쪽같을 수가!

방에서 밥 먹는 꼴도 보기 싫다 하셔서 시어머니는 나더러 마루도 아닌 부엌에서, 더군다나 사람도 아닌 개랑 먹도록 했다. 참 모질 정도로 나를 미워하셨다. 시어머니는 시골 일을 잘못한다고 수시로 욕을 퍼부었다. 어머니에게 '개 같은 년' 쯤은 욕의 축에도 못 끼었다. 시어머니의 욕은 참 걸쭉한 데다 전라도, 경상도 등의 전국망을 넘어 가히 세계적이었다. 어떤 때는 일도 잘못하는 게 밥만 처먹는다며 때리기까지 했다. 시어머니는 총채든 빗자루이든 옆에 뭐라도 있으면 닥치는 대로 그것으로 나를 때렸고 심지어 그것을 나에게 던지기까지 하셨다.

참다못해 대들었다가 한번은 죽을 뻔했고, 그 바람에 입 닫고 살려고 하니까 이번에는 말도 안 하고 벙어리로 산다며 때렸다. 정말 기막힌 것은 나에게 막 대하시다가도 다른 사람이 나타나

하나님의 딸, 정희 ●

면 언제 그랬냐는 듯이 천사로 돌변하셨다. 아주 감쪽같아서 연극배우가 따로 없었다. '와, 어쩜 저렇게 연기를 잘하시지!' 나는 어머니의 연기력에 그만 입이 딱 벌어지며 감탄하고 말았다.

4
chapter

차라리 내가
없어지면 되겠지

그해는 겨울이 유난히 빨리 왔다. 이른 겨울부터 눈이 많이 내려 몹시 추웠다. 방죽(농사 수로. 저수지)으로 가는 길이 논으로 가는 '지름길'이라는 아버님의 말씀을 듣고, 나는 빈 지게를 지고 집에서 방죽을 지나 논으로 향했다. 조금이라도 수고를 덜어보겠다고 나름 꾀를 부린 것이었다. 논에서는 벼베기가 한참이었다. 나는 베어놓은 볏단을 집으로 옮겨야 했다. 탈곡하기 위해서였다. 지게에 볏단을 잔뜩 실은 채, 집으로 돌아가는 길에도 지름길인 방죽길을 선택했다. 빨리 가는 지름길이 눈에 빤히 보였기에 추위에 먼 길을 돌아가야 하는 수고를 좀 덜고자 했다.

방죽은 한 겨울 추위에 꽝꽝 얼어 있었다. 지게를 메고 방죽

하나님의 딸, 정희 ●

얼음 위를 몇 발자국 때던 찰나, 볏단의 무게를 이기지 못해서 방죽 얼음이 '우지직'하고 갈라지는 것이 아닌가. '아뿔싸, 이게 무슨 낭패란 말인가.' 그 바람에 어깨에 볏단을 가득 짊어진 채로 방죽 속으로 풍덩 빠지고 말았다. 순식간에 차디찬 얼음물에 온 몸이 잠겨서 뼛속까지 스며드는 듯했다. 심장이 그대로 멈출 것만 같았다. '이제 이대로 죽는 것인가······.'

나는 정신없이 허우적거렸다. 수영도 못하는데 그야말로 청천벽력이었다. 후회할 사이도 없이 나는 마지막 힘을 다해 필사적으로 팔을 휘저어 깨진 방죽 얼음의 틈을 뚫고 구사일생으로 빠져 나왔다. 지게고 볏단이고 뭐고 간에 챙길 여력이 조금도 없었다. 살아있다는 자체가 기적이었다. 어떻게 살아서 나왔을까 싶었다. 그때 하나님의 도우심이 아니었다면 분명 그날 그 자리에서 운명을 달리했을 것이다.

날벼락 맞은 듯 갑자기 겪은 사고와 혹한의 추위에 하늘이 노랗게 보였다. 놀란 마음이 진정이 되지 않았다. 심장이 마구 뛰고 몸속 깊이 한기가 느껴졌다. 덜덜 떨리는 몸으로 집을 향해 정신없이 걸었다. 얼마나 걸었을까? 한참 걷다 보니 머리부터 발끝까지 온몸이 그만 꽁꽁 얼어붙어 버린 것이 아닌가. 그런 중에도 오직 살아서 집에 돌아가야 한다는 일념 하나로 겨우 버티며, 천만다행으로 간신히 집에까지는 무사히 도착했다. 어렵게 구사일생으로 살아서 돌아왔건만 시어머니는 나를 반기는 기색이 없었다. 내 모습을 보고도 바라보는 시선에서 걱정이나 연민 따위라고는 눈곱만큼도 느껴지지 않았다.

시어머니는 내 꼴이 못마땅하셨는지 팔짱을 끼고 노려보더니 작정하듯 말을 하셨다. 예상한 것처럼 역시나 조금도 내 걱정은 하지 않았다.

"왜 그 모양으로 오냐?"

"방죽에 얼음이 깨져서… 빠졌다가… 간신히 나왔어…"

"저년이, 저 개 같은 년이 일하기 싫으니까, 어떡하면 일 안 해볼까 하다가 일부러 방죽에 빠졌구만! 쯧쯧쯧."

시어머니는 말이 채 끝나기도 전에 혀를 끌끌 차더니 화를 버럭 내셨다. 너무 억울해 어안이 벙벙해졌다. 한겨울에 일하느라고 지게를 지고 가다가 얼음 구덩이에 빠진 것도 서러운데, 시어머니의 호통에 억울하고 한없이 서러웠다.

무엇보다도 매일 밤 어렵고 불편한 시부모님 사이에서 잠을 자야 하는 것이 가장 견디기 힘들었다. 뒤척이다가 행여 시아버지와 살이 닿지는 않을까 하여 바짝 긴장하느라고 도무지 한시도 편히 잠을 이룰 수가 없었다. 잠이 겨우 들다가도 혹시나 실수할까봐 벌떡 놀라서 자다가 일어나는 일이 부지기수였다. 항상 매일 잠이 모자랐으니 온종일 비몽사몽으로 하루하루를 보냈다. 시어머니에게 들켜 야단 듣기도 싫었고, 일도 해야 해서 낮에는 졸지 않으려고 수도 없이 혀를 깨물었다. 그러면 어느새 정신이 바짝 들었다. 그때 얻은 불면증은 이후 습관이 되어 수십 년이 지난 지금까지도 여전히 나를 괴롭히고 있다.

그뿐만이 아니었다. 갓난아기에게 젖을 먹이려면 통상 윗옷을 제쳐야 하는데 시아버지는 언제든지 옆구리 너머로 나의 젖가슴을 넘겨 볼 수 있는 상황이었다. 그때 느낀 수치감과 모멸감이란……

그 후로도 시어머니의 시집살이는 끝이 없었다. 바람 잘 날 없이 어머니는 계속 나를 구박하고, 매질도 여러 차례 했다. 그 집에서 시부모와 함께 사는 동안 이러 저러한 이유로 단 한 번도 나는 웃어본 적이 없었다. 사는 게 그저 생지옥이었다. 나에게 하루는 일 년 같고, 한 달은 십 년 같았다.

시어머니의 시집살이의 이유

그러던 어느 날이었다. 하루는 집으로 온 근처 동네 살던 처녀와 시어머니가 나누는 대화를 우연히 듣게 되었다.

"아주 이 집 귀신이 되기로 작정을 했나? 저년이 아직도 안 나가는 통에 네가 시집을 못 오고 있구나. 나는 네가 진짜 괜찮은데 내 며느리는 너가 되야 하는데. 온갖 구박을 다 하는 데도 어쩌자고 저년이 안 나간단 말이냐."

알고보니 시어머니가 며느릿감으로 원한 여자였다. 조롱당한 기분이 들어 비참했다. 너무 치욕스럽고, 모욕적이었다. 그 자리를 한시라도 빨리 벗어나고 싶은 마음 뿐이었다.

그때에야 비로소 알았다. 시어머니의 심중을. 시집와서 그날까지 시어머니가 나에게 그토록 혹독하게 시집살이를 시킨 이유는 바로 그 처녀 때문이었다. 어머니가 맘에 둔 그 처녀와 당신의 아들이 지금이라도 부부의 인연을 이어가기를 바라는 속셈이셨다. 그 일을 성사시키는 데 있어 어머니의 눈에는 내가 방해물이요. 눈엣가시였다. 어떻게든 내 쪽에서 먼저 더는 못 살겠다며 제풀에 꺾여 제 발로 알아서 이 집을 나가주기를 바랐던 거였다.

그러고 보니 그동안 나에게 했던 시어머니의 모든 태도와 행동이 다 이해가 되었다. 이상하리만치 나에게 욕설을 퍼붓고 구박과 매질한 것이 다 그런 이유 때문이었다. 약간은 아리송했던 퍼즐 조각이 그날 하나둘 맞춰지기 시작했다. 몰랐으면 모를까, 그 치욕스러운 말까지 그 동네 처녀가 보는 앞에서 내 귀로 똑똑히 들은 다음에야 정말 더는 견디기 어려울 것 같았다.

어머니의 작전은 성공했다. 지독한 시집살이와 함께 그날 겪은 모멸감 때문에 나는 그만 두손 두발 다 들고 말았다. 군대 간 남편을 기다리라면 그쯤이야 얼마든지 더 기다릴 수 있었다. 시어머니의 갖은 핍박에도 그동안 인내하며 견딘 것은 아직 젖을 물리는 어린 딸을 위해서였고, 그 딸에게서 가정과 아빠라는 울타리를 빼앗지 않기 위해서였고, 또한 아내로서 나의 자리를 지키기 위해서였다. 그동안은 가정을 포기하지 않으려고 어린 딸과 남편 때문에 간신히 참았는데, 이 모든 사실을 알고 나니 더는 버틸 여력이 없었다. 시어머니에게 배신감도 들고 정이란 정은 남김없이 뚝 떨어져 하루도 더는 그 집에서 살고 싶지 않았다.

그렇다고 당장 딱히 갈 곳도 없었다. 아이를 둘러업고 그대로 친정으로 돌아갈 수도 없었다. 달리 기댈 곳 없던 나는 그대로 죽고 싶었다. 그날부터 나는 '어떻게 하면 죽을 수 있을까?' 고민하며 죽을 궁리를 하기 시작했다.

모든 고난 속에서 함께 하셨던 주님의 섭리

늦은 밤이었다. 하루는 물에 빠져 죽으려고 바닷가로 나갔다. 칠흑 같은 어둠 속에서 본 밤바다는 금방이라도 물귀신이 나와 나를 잡아당겨 그 깊은 물 속으로 끌고 갈 것만 같았다. 캄캄한 암흑 속에서 마주한 세차게 철렁거리는 성난 파도 소리에 나는 그만 두려움에 휩싸였다. 그곳에 덩그러니 나 혼자 있다는 사실이 너무 무서웠다. 그래서 결국 죽지도 못하고 집으로 돌아오고

야 말았다.

또 어느 하루는 농약을 먹고 죽기로 하고 농약만 넣어두는 창고 같은 방을 열어 안에든 농약을 넋 나간 듯 빤히 바라보고 서 있었다. 그것은 농약 중에서도 아주 독한 것으로 병뚜껑으로 반만 먹어도 5분 안에 죽을 만큼 치명적인 제품이었다.

막상 농약을 먹자니 먹고 난 뒤 겪어야 할 엄청난 고통을 상상하니 차마 그렇게 죽을 수는 없을 것 같았다. 매일매일 죽을 방법을 찾던 중에 하루는 산에서 떨어져 죽어야겠다는 마음에 무작정 산으로 올라갔다. 산등성이에 올라서서 해가 떨어지기를 기다렸다가 밤이 되면 바위에서 떨어져 죽기로 작정했다. 그런데 그마저도 계획이 수포가 되었다. 밤이 되자 그 어두컴컴한 산속 어디에선가 부스럭부스럭하며 나뭇잎 부스럭대는 소리가 들려왔다. 조용한 가운데 들려오는 그 소리는 공포에 가까웠다. 나는 소름이 돋아 '걸음아 날 살려라'하며 도망치듯 내려왔다.

죽으면 모든 게 편해질 줄 알았는데 막상 죽으려고 보니 죽는 것 자체가 생각보다 어려웠다. 죽음을 선택하기에는 나는 용기가 너무 없었다. 죽는 것도 내 마음대로 되지 않자 더욱더 서러운 생각이 들었다.

죽겠다고 나선 사람이 그까짓 어둠이 무서워 줄행랑이나 치다니, 나 자신이 생각해도 하도 어이없고 기가 차고 부끄러워 아무도 없는 동네 한쪽에 앉아서 서럽게 한없이 울었다. 비록 실패했지만 그것은 죽기를 각오한 세 번째 시도였다. 그때 알았다. 죽는 일이 생각보다 얼마나 두렵고 어려운 일인가를. 호랑이 시어머니가 아무리 두렵다고 해도 죽음에 비하면 어머니는 그다지 두려운 존재가 아님을 몸소 체험한 날이었다.

자살을 시도한 뒤로는 오히려 오기가 생겼다. 어차피 죽지도 못할 바에는 차라리 살아서 복수해야겠다는 증오심이 생겼다. 딸아이를 세상에 남겨두고 떠나는 것도 마음에 걸렸다. 나야 죽으면 그뿐이지만 혼자 남은 우리 딸은 무슨 죄란 말인가. 이런 생각까지 들자 살 수도 죽을 수도 없는 내 신세가 너무 가여웠다. 속상함에 몰래 산속으로 들어가서 울기도 정말 많이 울었다. 그때는 몰랐다. 내가 죽으려고 할 때마다 나를 죽지 못하도록 붙드신 분이 계셨다는 사실을.

훗날 예수님은 그 옛날 내가 석모도에서 죽으려 했던 때의 일들을 모두 기억나게 하셨다. 그때의 사건들이 필름처럼 지나갔다. 그 모진 세월을 다 지낸 어느 날 기도하던 중에 예수님은 나에게 그날에 대한 기억을 떠오르게 하신 것이다. 그러면서 왜 그 당시에 내가 죽을 수 없었는지에 대하여 이렇게 들려주셨다.

"네가 바다에 빠져 죽으려고 할 때 내가 일부러 파도를 크게 일으켜 너로 하여금 마음을 돌이키게 했다. 네가 농약을 먹으려고 할 때도 농약 마신 뒤의 고통스러움을 떠올리게 해서 못 먹게 말렸단다. 산에 올라가서 떨어져 죽으려 할 때도 내가 너와 함께 했다. 내가 부스럭 소리를 내어 죽음에 대한 두려움을 준 거란다."

나는 그 주님의 음성을 듣고 그때 가서야 깨닫게 되었다. 나에게 일어난 이 모든 일이 우연이 아님을……. 세상에서 일어나는 모든 일은 하나님의 계획 안에서 이루어진다는 사실을. 내가 예수님을 몰랐던 그때도 예수님은 나를 사랑하셨고 나를 돌보시고 또한 고통 받는 나와 늘 함께 하셨고 그 모든 어려움 가운데 나를 붙잡아 지키고 계셨다.

어깨가 빠진 채로
석모도에서 도망치다

거듭되는 모진 시집살이를 견디다 못해, 나는 마음의 병을 넘어 급기야 육신의 병까지 들었다. 내가 겪은 시집살이의 크고 작은 아픔들을 일일이 다 열거할 수는 없지만, 어깨가 너무 아파 고통스러웠던 그날의 이야기는 하지 않을 수 없다.

어느 날이었다. 갑자기 오른쪽 어깨가 빠지는 통에 담이 들고 말았다. 빠진 어깨 때문에 담이 걸려 아무것도 할 수 없게 되자 눈앞이 캄캄해졌다. 곱게 넘어갈 리 없는 어머니가 생각나서였다. 예상대로 어머니의 트집이 또 시작되었다.

"아니, 일도 못 하면서 이제는 병까지 들어? 그렇게 밥만 축낼 거냐!"

어머니의 입에서 욕이 폭포수처럼 쏟아졌다. 세상에서 들어볼 법한 욕이란 욕은 그 시기에 다 들은 것 같다. 어머니는 늘 하던 대로 나에 대하여 사람 취급은 않고 집에서 부리는 종 다루듯 하며 구박만 했다. 거기서 끝이 아니었다. 어깨 통증 이후 시어머니의 시집살이는 날이 갈수록 더욱더 심해졌다. 어머니의 소원대로 나는 집을 박차고 뛰쳐나갈 용기마저 없어 눈물로 세월을 보냈다.

오른쪽 어깨가 빠졌으니 모든 일을, 성한 왼손으로 할 수밖에 없었다. 왼손 하나로 설거지를 하다가 그릇을 깨기도 하고 부엌 바닥에 물을 엎지르기도 했다.

새벽기도를 다녀온 시어머니는 그런 나더러 "시어미 미끄러지라고 일부러 바닥에 물을 부어 놓았냐?"며 언성을 높였다. 어찌 저리도 억울한 소리를 한다는 말인가. 그것도 교회에 다닌다는 양반이. 어디 그뿐인가. 나에게 대놓고 "저년이 어서 기어나가야 우리 아들 새장가를 보낼 수 있는데" 하는 말은 하도 들어서 이제 이골이 났다. 안 그래도 몸이 아파 서러운 데, 억울한 소리를 듣는 것은 그보다 몇 배는 더 힘들었다.

예수님을 믿지 말아야지

아픈 어깨를 부여잡고 몇 달을 보낸 뒤였다. 동네에 의원이 많지 않아 치료도 못 받고 있었다. 보다 못한 시아버지가 나에게 살 길을 찾아주셨다. 당신도 자식을 둔 입장에서 며느리인 내가 너무 안쓰러워 보이셨는지 병원비까지 챙겨주시며 친정에 다녀오라고 하셨다. 한쪽 팔로는 아기를 안을 수 없으니까 아기는 집에 두고, 시어머니 몰래 혼자만 친정에 다녀오라고 하셨다. 몹시 고마웠다.

시아버지께 인사드리고 떠나려는데 갑자기 누군가가 나타났다. 시어머니였다.

"어디를 가려고 하느냐? 정 가려거든 나를 밟고 가라!"

"왜 이러시오. 내가 친정에 가서 어깨의 병을 고치고 오라 했소. 여기에는 병원이 없어서 말이오."

아버님이 말리자, 어머님은 특유의 독한 어투로 나를 쏘아보며 말했다.

"그렇게는 안 된다. 가려거든 새끼도 데리고 가라."

"한쪽 팔도 못 쓰고, 가슴에 담이 들어서 아이를 들지도 업지도 못하는 환자가 어떻게 아이까지 데리고 가겠는가?"

내가 병 치료받으러 친정에 다녀오는 문제로 결국 두 분이 옥신각신 싸우시기까지 했다. '아이는 걱정하지 말고 어서 떠나라.'라고 하시는 아버님과, '아이를 안 데리고 가려거든 차라리 나를 죽이고 가라. 절대로 혼자는 못 간다!' 하면서 쌍욕을 퍼붓는 어머니 사이에서 난처했다. 결국 분을 못 이긴 시어머니는 펄쩍펄쩍 뛰더니 자지러지다가 땅바닥에 쓰러지셨다. 그 광경에 입이 다물어지지 않았다. 어쩌면 이리도 나에게 모지실까.

그 찰나에 시아버님은 나를 도와주시려고 방에서 힘차게 끌어내시더니 빨리 뛰어가라고 하셨다. 나는 아이를 젖 먹여 재우고는, 시집간 지 2년 만에 시댁으로부터 떠나왔다. 젖먹이 딸만 두고 떠나려니 마음이 천근만근이요, 가슴이 미어졌다. 떨어지지 않는 발걸음을 억지로 떼며 몇 번이고 시댁을 돌아보며 걸었다.

딸아이에게 얼마나 미안하던지, 친정 가는 내내 두고 온 딸아이를 생각하며 하염없이 울었다.

그때 인생에서 아주 중대한 결심을 했다. 죽어도 예수는 안 믿어야겠다고 말이다. 예수를 믿으면, 교회에 다니면, 시어머님처럼 못되고 이상한 사람이 될까 보아서였다. 악마와 천사의 두 얼굴을 한 시어머니는 정말 남다른 분이었다. 집에서는 충분히 나를 쫓아내고도 남을 위인이었다. 내가 이토록 장담할 수 있는 것은, 내 앞서 이 집으로 시집 온 장남의 며느리, 그러니까 큰아들의 아내가 마음에 안 든다는 이유로 이미 네 명씩이나 내쫓은 내력이 있기 때문이었다.

그 사실을 알기에 보란 듯이 끝까지 어떻게든 시댁에서 버티

하나님의 딸, 정희 ●

려고 했었다. 모진 시집살이에도 내가 시댁에서 안 나가고 끝까
지 참고 견디는 것이 시어머니한테 복수하는 길이라는 생각이
들어서였다. 시어머니에게 복수의 칼날을 세우고 있었지만 우선
은 치료부터 받아야 할 상황이어서, 결국 나의 복수는 그날 그렇
게 허망하게 무너지고 말았다.

6
chapter

둘째 낳고
생긴 신기(神氣)

몸도 마음도 만신창이가 되어 친정에 돌아온 딸의 모습에 부
모님은 충격을 받았다. 평소에도 술을 많이 드시던 아버지는 그
충격으로 술을 엄청나게 드시고는 쓰러져 중풍에 걸리고 말았다.

친정에서 지내는 몇 개월 동안 아쉬운 대로 병원 치료를 받았
다. 시어머니가 눈에 안 보이는 것만으로도 살 것 같았다. 딸아이
가 보고 싶었지만 석모도로 돌아갈 생각은 영 안 들었다. 시집살
이는 그만두고 나의 행복을 위해 독립하기로 하고 그 길로 인천
에 작은 살림방을 구했다. 혼자 얼마간 지내다 보면 남편이 제대
할 테고 큰딸도 데려올 수 있을 것으로 기대했다.

남편의 방황

기다리던 남편이 제대하였고 우리 가족은 드디어 함께 살게 되었다. 하지만 행복한 삶을 기대한 건 나 혼자만의 헛된 꿈이었을까. 어쩌면 나는 이리도 박복할까. 오매불망 학수고대하던 남편은 술과 도박으로 하루하루를 보냈다.

"남편이 아직 나이가 어려서 그럴 거야. 나이가 들면 철이 들겠지. 그러다 보면 점점 나아지겠지……."

지난날 그렇게 고된 시집살이도 견뎠는데, 아직 실망하기엔 일렀다. 비참한 생각에 스스로 위로하며 참고, 남편이 변하기를 좀더 기다려 보기로 했다. 어떤 날은 남편이랑 싸우기도 하고, 술과 도박을 안 끊으면 당신이랑 못 살겠다고 애원도 해보았지만 소용없었다. 싫은 소리를 하면 알아듣는 것 같은 시늉을 하는 것도 잠시 그때 뿐이었다. 탄식과 함께 누구에겐가 모를 원망이 쏟아졌다.

남편은 여전히 술과 도박 속에 빠져 살았다. 아무리 화내고 울고불고 매달려도 소용없었다. 오히려 그런 나를 못마땅해할 뿐이었다. 혹시 아들을 낳으면 남편이 달라질까 싶은 생각에 임신했지만 둘째 역시 딸이었다. 그런데 출산 후 나에게 이상한 일이 일어났다. 아니, 내가 이상해졌다고 말해야 이해하기가 더 쉬울까.

집을 나설 때면 남편은 입을 꾹 닫았다. 친구를 만나러 간다고는 하는데 어디에 가는지, 누구랑 어울리는지, 몇 시에 들어오겠다든지 하는 말 따위는 남기지 않았다. 슬그머니 나갈 때도 더러 있었다. 나는 남편의 행선지를 전혀 몰랐다. 그런데 이게 무슨 일일까?

누가 알려주지도 않았는데, 놀랍게도 나는 남편이 있는 곳을 직감적으로 알아맞혔다. 밤늦도록 남편이 집에 오지 않아 '이 사람이 지금 어디에 있지? 왜 안 오지? 어디 갔을까? 어디서 무얼 할까?' 하고 생각하면, '어~ 네 남편 송림동에서 고스톱 치고 있다. 송림동으로 가 봐라. 어느 동으로 가 봐라.' 하고 마음속에서 음성이 들리는 게 아닌가. 나는 음성이 나를 이끄는 대로 일단 송림동으로 갔다. 그러면 그 음성이, 그곳에서 어느 골목으로 가라 어느 쪽으로 가라며 나에게 계속 길을 안내해주었다. 그런 상황이 이상하다거나 전혀 의심이 들지도 않았다. '여기가 맞겠지?' 하며 나도 모르게 발걸음이 저절로 그곳으로 향했다.

그러다가 남편이 있는 곳 근처까지 가면 더는 아무런 지시가 없었다. 나는 그곳에 멈춰 서서 이 집인가 저 집인가를 살피며 문밖에 서 있었다. 그러면 어느 집에선가 사람들이 웅성웅성하는 소리가 들려서 그 주택의 철문 틈이나 담 너머로 슬며시 보면 안쪽 문 앞에는 남자들의 신발만 빼곡히 놓여 있었다. 그중에 남편 신발이 금세 눈에 들어왔다. 지체 없이 초인종을 누르자 누군 가가 대문 밖으로 나왔다. 그러면 아무개 씨가 있느냐고 남편 이름을 대면 남편은 으레 그곳에 있었다. 또 술집에 있다는 음성이 들려 발길 닿는 대로 가다 보면 남편이 있는 술집에 도착해 있었다.

그런 식으로 나는 남편이 어디에서 술을 마시는지 어느 곳에서 도박하는지는 기본이고, 남편의 직장에서 일어나는 일까지도 시시콜콜 알 수 있었다. 당시 남편은 이름만 대면 알만한 직장에 다녔다. 신이 아닌 이상 어떻게 아내가, 직장에 있는 남편이 하는 행동을 바로 앞에서 눈으로 본 듯이 훤히 알겠는가? 참으로 놀라운 사실은, 텔레비전으로 영상을 보는 것처럼 내 앞에 나타난 영상 속에 한 남자가 보였다.

'남편이 밥을 먹었나? 열심히 일하고 있나?' 하고 생각만 했을 뿐인데, 내가 궁금해하는 모습이 마치 영상을 보듯이 내 눈앞에 그대로 펼쳐졌다. 하루는 그런 생각을 하는 중에 한 장면이 펼쳐졌다. 어떤 남자가 남편에게 담배 한 대를 꺼내서 주었다. 긴 양담배였다. 그것을 남편이 받아서 피는 장면이었다. 야, 이것 봐라. 나한테는 안 핀다더니. 퇴근해서 돌아온 남편에게, "담배 끊었다더니 양담배를 주니까 받아 피더라." 남편은 화들짝 놀라 "그걸 어떻게 알았냐. 세상에 내가 귀신하고 사는 거 아니냐. 겁이나 죽겠다."고 할 정도였다.

어느 일요일이었다. 남편은 새벽부터 축구 경기를 하러 어디론가 가고 집에 없었다. 석모도에서 우리가 사는 주인집으로 전화가 왔는데, 시아버지가 돌아가셨다는 소식이었다. 장례를 치르기 위해 서둘러 남편을 찾아야 했다. 남편과 함께 가야 하는데 어떻게 하나 하는 순간, 누군가가 귓속말로 나에게 말했다. "네 남편, 월미도에서 공차기해. 거기로 가 봐."라고 하는 것이었다.

그때는 월미도가 다 풀밭이어서 공을 찰 만한 곳이라고는 어디에도 없었다. 나는 둘째를 업고 택시를 타서 월미도로 향했고, 그곳에서 남편은 정말 족구를 하고 있었다. 남편은 그때도 깜짝 놀라서 말했다.

"내가 여기 있는 걸 어떻게 알고 왔어? 귀신같이 잘도 찾아다니네, 이 여자! 정말 이상한 여자네!"

"다 아는 수가 있지!"

정말 내가 귀신에라도 쓰인 것일까. 남편에 대해 궁금해하면 신기하게도 남편이 어디에 있는지가 저절로 떠오르고, 무얼 하는지도 훤하게 보였다. 거의 '신기(神奇)'에 가까웠다. 나에게 미행하는 것이 아니냐고 남편이 따져 묻는데도, 뭐라고 설명할 길이 없었다. 그때는 휴대폰도 없던 시절이 아닌가. 참으로 아이러니한 것은, 나에게 나타난 그 신기한 현상이 나는 싫지만은 않았다. 단지 신비하고 놀라울 뿐, 심지어 재미있기까지 했다.

점치는 재미

점치는 일에 재미가 붙은 나는 그 뒤로도, 나랑 일면식도 없는 행인들을 쳐다보면서 "어? 저 사람 저쪽으로 가면 안 되는데?" 하는 식으로 나도 모르게 점을 치고 있었다. 한번은 이웃 사람이 병문안을 하러 가자고 하길래 "어제, 퇴원했대."하고 알려주었다.

한 번은 이런 일도 있었다. 둘째가 두 살 때 내가 주택의 옥상에서 빨래를 너는 중에 어디선가 '으악'하는 비명 소리가 났다. 내 마음에만 들리는 그 음성의 소리였다. 어디에서 이 소리가 나는 것일까? 혹시 아기가 누렁이에게 물린 걸까? 그 당시 아래 집에 누렁이라는 똥개가 있었다. 너무 놀라 허둥지둥 아기에게 달려갔다. 나는 나에게 들려오는 음성인 '마음의 소리'의 지시에 따라 화장실로 달려갔고, 문을 열어 보라기에 문을 열었다. 그런데 세상에! 아기가 재래식 화장실인 '똥통'에 푹 빠져있는 것이 아닌가. 다행히 아직 얼굴과 손은 가득 쌓인 똥 속에 잠기지 않은 상태였다. 나는 너무 놀란 데다 행여 아기의 얼굴까지 똥 속으로 잠길까 봐 아기의 목을 꽉 잡아 똥통 밖으로 끌어냈다. 만일 똥이 가라앉아 있었다면 아기는 완전히 죽을 상황이었는데, 다행히 그때가 여름이라 똥이 위쪽에 다 떠 있어 살 수 있었다.

이런 식으로, 내가 궁금해할 때마다 '마음의 소리'가 그 내용을 나에게 매번 알려주었다. 내 생각을 뚫고 그 답변이 다 내 속으로 들어왔다. 그런데 그것이 점쟁이라는 무당의 '신기(神奇)'였다니……. 뒤늦게 그 사실을 깨달았을 때 나는 기겁했고, 아버지가 그토록 염려하던 무당 팔자로서의 내 운명을 저주했다. 이상한 점은 이 신기한 현상이 임신하고 아기를 낳는 동안에는 나타나지 않았다.

말하지 못하던 딸

그러던 어느 날, 당시 다섯살 된 딸아이가 갑자기 말을 안하는 사건이 생겼다. 딸아이에게 아무리 말을 해보라고 해도 입도 달싹 하지 않았다. 야단도 치고 달래도 보았지만 아이는 도무지 말을 안 했다. 아니, 말을 못 하는 것 같았다. 본인도 어떻게든 소리 내 보려 애쓰는 것 같았는데 입만 열 뿐 아무런 소리가 나지 않았다. 당시 손짓, 발짓이 딸아이가 할 수 있는 의사 표현의 전부였다. 딸아이는 엄마를 부르는 대신 나를 툭툭 치면서 끙끙댈 뿐이었다.

'설마 우리 딸이 벙어리가 된 것인가? 그럴리가 없어. 아닐 거야.'

나는 인정하고 싶지 않았다. 정말 앞이 캄캄했다. 아이도 너무

하나님의 딸, 정희 ●

괴로운 나머지 날마다 울기만 했다. 그렇게 말 잘하던 딸이 왜 이렇게 됐나, 왜 이 고통을 받는 건가 하고, 고쳐보려고 딸을 데리고 정말 이곳저곳 다니며 애를 써봤지만 헛일이었다.

남들이 평생 한 번 겪을까 말까 한 일들, 예를 들어 둘째의 똥통 사건, 벙어리가 된 딸아이, 셋집 새댁의 칼부림 위협 등, 이 중에 한 가지만 겪어도 심장이 쿵하고 내려앉을 만한 별의별 놀랄 일들을 나는 혼자 다 겪었고 너무 많이 경험한 탓에 심장이 늘 벌렁벌렁했다. 그 바람에 급기야 최근 3년 전부터는 심장병약을 달고 산다. 하나님은 나에게 늘 겸손하고 낮아지라고, 심장병을 내 몸의 '가시'로 주신 것 같다. '네 심장이 언제 멎을지 너는 모른단다.' 하고 말씀하시는 듯하다. 그래서 나는 심장이 조금만 벌렁거려도 즉시, '내가 누구한테 잘못했나' 돌아보고 회개의 기회로 삼고 있다.

7
chapter

산후통과
원인 모를 통증

셋째 딸을 출산하던 날, 남편은 새벽에 나를 산부인과 병원에 데려다 주고, 가까이에 계시는 친정어머니께 입원 사실을 알린 뒤에 예비군 동원 훈련을 받으러 갔다. 나는 아침 일찍 혼자 셋째 딸을 출산하고, 오후에 오신 친정어머니와 함께 퇴원하여 집으로 왔다. 그때가 12월 중순이었다.

한파에 눈이 얼마나 많이 왔는지 걷기도 어려울 정도였다. 우리는 택시를 타고 겨우겨우 집으로 왔는데, 집을 비운지 채 하루도 되지 않았는데 집안 꼴이 말이 아니었다. 집에 있던 두 딸은 종일 쫄쫄 굶은 채로 엄마, 어디에 갔다 왔느냐, 배가 고프다며 나에게 매달려 밥을 달라고 아우성이었다. 방은 연탄불이 다 꺼

하나님의 딸, 정희 ●

져 냉골이었고, 부엌의 수도꼭지는 꽁꽁 얼어붙어 물이 나오지 않았다. 물통에 받아 놓은 물마저도 꽁꽁 얼어버려 집에는 마실 물조차 없었다.

이제 막 해산하고 온 터라 몸이 말이 아니었다. 아직 통증도 채 가시지 않은 상태였다. 밥 한 끼라도 좀 해주고 가라고 부탁했건만, 친정어머니는 "나는 해산관을 해본 적 없어서 못 한다."는 말만 남긴 채 냉정하게 그냥 가 버리셨다. 당시 어머니는 40대 후반이었다. 아무리 경험이 없어도 그렇지, 해산관이 별것인가? 그저 밥 하고 미역국만 끓여주시면 될 일인데, 아직 환자나 다름없는 이제 막 해산한 딸을 두고 그냥 가시다니……. 어머니는 일곱 살이던 나에게 동생을 낳고 해산관을 시켰었다. 어린 나에게 미역국 끓이는 것부터 이것저것 잔심부름을 시켜놓고, 정작 딸이 같은 상황이 되자 외면할 수가……. 내리사랑이라고는 들어봤지만 어머니는 다른 집 친정엄마들과는 완전 딴판이었다. '어떻게 딸한테 그럴 수 있지?' 옛날에 일까지 생각나서 더욱더 서운했다.

친정어머니마저 외면하고 당일에 가버렸으니 산후조리는커녕, 당장 일어나 집안 살림을 안 할 수가 없었다. 하는 수 없이 출산 날, 나는 갓난아기를 방에 내려놓고 바로 부엌으로 나가서 수

돗물의 얼음을 깼다. 밖으로 나가서 흰 눈을 그릇에 담아 와 솥에 넣고 눈 녹인 물로 밥을 지어 굶주린 두 딸에게 주었다. 그런 다음 부엌에서 빨래하던 중, 갑자기 현기증이 나서 그만 차디찬 부엌 바닥에 쓰러지고 말았다. 그대로 꼼짝 못하고 누워있는데 방에서 들려오는 갓난아기의 울음소리가 가슴을 후벼 팠다. 배고파서일까, 추워서일까? 아기는 계속 울어대고 있었다.

'이제 나는 죽는구나! 어미 젖 한 번 먹여보지 못하고, 이대로 죽을 수도 있겠구나. 내가 죽으면 저 어린 것은 어떻게 하지?'

나는 그 어린 것이 가엾고, 나의 신세가 서러워 하염없이 울었다.

도무지 몸이 말을 듣지 않아 꼼짝 못했다. 정신이 가물가물할 때였다. 밖에서 놀던 큰딸이 마침 부엌문을 열기에, 큰딸에게 연필과 종이를 가져오라고 하여 부엌 바닥에 누운 채로 간단하게 편지를 썼다. 그런 뒤 세탁소 아저씨에게 갔다 드리라며 심부름을 시켰다. 동원훈련을 받던 남편은 편지에 적힌 소식을 듣고 그 길로 부랴부랴 집으로 달려왔다. 이제 막 출산한 아기까지 두고 그날 그대로 죽을 뻔했던 나는, 큰딸과 남편 덕분에 구사일생으로 살았다.

그런데 또 문제가 생겼다. 출산 후 몸조리는커녕 바로 몸을 혹사하는 바람에, 그날 이후 산후병에 걸린 것이다. 그 사이 몸 안에 얼음이 들어 어떻게 해도 도무지 몸이 녹지 않고 온종일 퉁퉁 부어 있는 날이 많았다. 점점 더 여기저기 아프기만 했다. 이러다 무슨 일이 나는 것이 아닌가 걱정됐지만 나 자신을 돌볼 겨를이 없었다.

마땅한 병명없이 아프기만하고

1년쯤 지난 어느 날이었다. 갑자기 아찔하더니 나는 '툭'하고 방바닥에 쓰러지고 말았다. 놀란 옆집 아줌마의 도움으로 택시에 실린 채 기독병원으로 향했다. 여러 가지 검사를 하더니 안되겠는지 나를 서울 세브란스 병원으로 보냈다. 이후 6개월 동안이나 외래로 검사를 받아야만 했다. 느낌이 좋지 않았다. 병명은 일러주지 않고, 앞으로 3개월 동안 맛있는 것을 많이 먹고 지내면 된다고만 하는 것이 어쩐지 수상했다. '분명 뭔가 일이 잘 못되어가고 있구나!'

분명 몸이 아픈데도 병에 대한 변변한 소견 하나 못 듣고 약처방도 없어, 무거운 마음에 빈손으로 집으로 돌아왔다. 상태는 점점 악화하여 나의 병세는 점점 심각해졌다. 기력이 없는 데다 두통은 훨씬 심해지고 배에 물이 차올랐다. 급기야 시력에도 이상이 오더니 보는 것에 장애가 생겼다. 기침하면 피를 토했다. 진통제를 하루에 수도 없이 먹었지만 소용이 없었다. 통증은 더욱더 심해졌다. 도대체 무슨 일일까. 내 몸에 무슨 문제가 생긴 것일까. 나는 심장이 '쿵'하고 내려앉았다. 복수가 차서 호흡이 곤란하고, 속이 메슥거려 온종일 토했다. 몸무게가 점점 줄어 일어나 걸을 기운조차 없어 누워만 있었다.

나에게는 아직 대소변도 못 가리는 갓난아기가 있었고, 갑자기 벙어리가 된 딸도 있었다. 두 아이 모두 꿍꿍댔다. 병시중에 살림을 대신해 주어도 시원치 않을 판에 남편이라는 사람은 여전히 술과 도박에 빠져 있었다. 심지어 근처에 사는 친정어머니조차 단 한 번도 와 보지 않으셨다. 모두가 나를 완전히 버렸구나 싶어 하염없이 울기만 했다.

나에게 남은 한 가닥 삶의 희망이라곤 오직 자녀들 뿐이었다. 어린 나이에 그래도 맏이랍시고 큰딸이 곁에서 많이 도와주었다. 아픈 엄마를 대신해 동생들도 잘 돌봐주었다. 나 대신 고생하는 큰딸을 보니 짠해서 또 마음이 울컥했다. 그 와중에 우울증이 나를 찾아왔다. 그나마 잠시라도 눈을 붙이려고 기독병원에서 약을 타다가 먹었다. 언제 쓰러질지 몰라 늘 긴장한 탓에 바깥출입도 잘못했다. 시간이 갈수록 세브란스병원에서 언급한 3개월이 자꾸만 마음에 걸렸다. 어쩐지 3개월 후면 내가 죽는다는 소리 같았다. 조바심에 큰딸에게 하루에도 몇 번씩 오늘이 며칠이냐고 물었다. 그때마다 딸은 달력을 보여 주었다. 하루가 너무 길었다.

물 한 모금 못 넘긴 지 벌써 4일이었다. 세 아이를 두고 나는 도저히 세상을 떠날 수가 없었다. 염치를 따질 것이 아닌 응급 상황이었기에 하는 수 없이 옆집 집사님에게 기독병원에 데려다 달라고 부탁했다. 병원에서 진료를 받고 나서 집으로 가려다 말고 중앙시장에서 장사하시는 큰어머니를 찾아갔다. 큰어머니는 나를 보시고는 깜짝 놀라서 물으셨다.

"이게 웬일이냐? 네 몰골이 왜 이렇게 되었니! 어디가 아파서 이렇게 됐니?"

'내 상태가 그렇게 심각한가?' 나는 큰어머님의 표정과 목소리 속에서 나의 병세가 얼마나 심각한지 읽을 수 있었다.

"큰 병원에도 가봤는데 왜 이리 아픈 건지 아무것도 발견되지 않아 병명을 모른대요."

나의 낙심 섞인 답변에 큰어머니는 당신이랑 함께 갈 곳이 있다며, 그 길로 나를 부축해 어디론가 데리고 가셨다.

8
chapter

무당이
예수를 믿으라니

큰어머님이 나를 데리고 가신 곳은 '용(?)'하다는 무당집이었다. 아주 큰 주택 집 건넛방에 신방을 차린 무당은 나를 보는 순간, 앞으로 무당이 되어야 하는 팔자라면서 내가 몸이 아픈 이유도 신병 때문이라며 나를 가엾게 여겼다. 잘못 들은 것이기를 바라며 내 귀를 의심했지만, 언젠가 터질 게 터진 기분이었다. 아버지가 그토록 걱정하던, 무당이 될 팔자라던 그 말이 귓전에 맴돌았다.

"귀신의 말을 듣지 않아서 이렇게 된 거야. 이제 어떻게 할 거야?" 그 뒤로도 무당은 나에게 뭐라고 계속 말하는데, 나는 기운마저 하나도 없어 그 말이 도통 귀에 들어오질 않았다. 무당이 된다는 말에 아픈 것도 잠시 잊었다. 나더러 신어머니 팔자처럼 살라고…? 생각만 해도 아찔했다.

신어머니

사실 친정에는 나를 낳아준 어머니 말고도 또 한 명의 어머니가 있었는데, 무당인 신어머니였다.

신어머니는 이틀이 멀다 하고 굿거리를 들고 계룡산으로 가서 굿을 하고는 며칠 만에 친정집으로 돌아왔다. 집에 와서는 먹고 마시며 지친 몸을 회복시키고, 다시 굿을 하러 들어가기를 반복했다. 나는 그런 신어머니의 모습을 늘 보았다. 내가 무당이 되면 신어머니처럼 그런 삶을 살아야 하는 것이 아닌가. 무당이란 팔자는 남편과는 이혼해야 하고 아이들과도 함께 살지 못하는 운명이었다. 늘 술을 마셔야 하고 귀신 외에는 그 누구도 사랑할 수 없고 사랑해서도 안 되는 존재였다.

귀신은 질투심이 강해서 귀신의 말을 듣지 않으면 순종할 때까지 죽도록 괴롭혔다. 나는 그 모습을 가까이서 지켜보고 자랐다. 그런 만큼 무당의 순리를 잘 알고 있었다. 몰랐다면 모를까, 이런 사실을 알고 있는 나로서는 정말 앞이 캄캄했다. 앞으로 나의 미래는, 우리 아이들은 어떻게 되는 것일까. 그렇게 깊은 절망과 고민에 빠져 한참 동안 멍하니 무당을 바라보고 있었다.

빨리 교회에 나가 예수 믿어

보다 못한 무당 아줌마가 뜻밖의 제안을 했다. 내가 무당을 안 해도 되는 길이 딱 한 가지 있는데, 그 방법은 예수를 믿는 것이라고 했다. 귀신보다 하나님의 신이 더 세기 때문이라는 말과 함께. 무당 입에서 저런 말이 나오다니, 정말 뜻밖이라 너무 놀랐다. 그러면서 나에게 한 가지를 신신당부했다. 예수를 믿되 대충 믿으면 안 되고, 교회에 열심히 다녀야 한다는 것이다!

그런 좋은 방법이 있다면서, 왜 정작 본인은 무당을 하고 있는 것일까? 의아해서 곧바로 물었다.

"그런데 아줌마는 왜 예수 안 믿으세요?"

"이제 다 늙어서 어떻게 예수를 믿어. 하지만 젊은이는 아직 나이가 어리니까, 예수를 믿으면 무당 노릇 안 해도 돼!"

그 말에 나는 정신이 번쩍 들었다. 당장 교회에 다니라고 하면서 내 얼굴에서 십자가가 보인다고 했다. 그 말에 왠지 모르게 마음이 이상했다. 복채는 안 받겠다며 빨리 교회에 나가라고 거듭 당부했다. 그 말을 듣는 순간 갑자기 마음이 급해졌다. 당장에라도 교회에 나가야 할 것만 같았다. '나는 무당이 싫고, 술도 싫고, 계룡산도 싫어. 혼자 사는 것도 싫어. 무당집에 붙어 있는 그림들이 무서워. 무엇보다 우리 딸들을 무당 딸이 되게 할 순 없어. 빨리 예수를 믿고 절대 무당은 되지 말아야 해.' 나는 집으로 오면서 중얼거렸다. 나도 모르게 몸에 새 힘 또한 생겼다. 한편으로는 두려웠다. 아무리 무당 아줌마가 '귀신보다 하나님 신이 세다'고 했어도, 귀신이 나더러 배신자라며 가만히 두지 않을 텐데 이를 어떻게 하나 걱정이 앞섰다.

그러나 다른 길이 없었다. 나는 일단 부딪혀 보기로 단단히 마음먹었다. 그랬더니 신기하게도 갑자기 배가 고파졌다. '빨리 집에 가서 밥 먹어야지!'하는 생각과 함께 몸에서는 새 힘이 생겨서 날아갈 것 같았다. 집으로 오는 길에 난생처음으로 "하나님" 하고 불러 보았다. 어색한 이름이지만, 싫지 않았다. 아니, 계속 부르고 싶었다. 무당이 되는 과정은 병을 얻고 잃어야 할 것이 많았지만, 하나님을 믿는다고 생각하니 어쩐지 내 삶에 희망이 보이는 듯했다. "하나님, 하나님, 하나님……." 그 이름을 부를 때마다 힘이 생기는 것 같았다. 마음에 평화가 생기고 기분이 좋아졌다. 그런데 어쩌나. 주일이 되려면 아직 3일이나 더 기다려야 했다. 나는 3일을 어떻게 기다리나 하는 생각으로, 내 삶 속에서 몇 년 만에 느껴보는 기쁨을 맛보았다. 그 기쁨은 내가 그동안 살면서 느꼈던 기쁨과는 차원이 완전히 달랐다. 무어라 말로 표현할 수 없는 기쁨, 그 기쁨이 앞으로의 내 인생에 완전히 다른 삶을 선물해 줄 것만 같았다.

어느 날, 내 생애 첫 성경책을 선물받았다.
나는 초신자여서 성경을 펼쳐서
어디를 봐야 할지 막연했다.
마침 성경책 사이에 끼워둔
책갈피의 성경구절이 눈에 띄었다.
그 작은 책갈피를 손에 꼭 쥐고
"하나님이 계시면 나 좀 한 번만 살려주세요."라고
눈물로 기도했다.

책갈피 한 구절의 말씀으로
시작한 믿음의 여정

가나안 잔칫집 같은 교회,
속 사랑을 받다

당장이라도 빨리 교회에 가고 싶었다. 옆집 사는 교회 집사님에게 부탁해서 평생 처음으로 교회라는 곳에 가게 되었다. 신앙생활을 시작한 이후로 지금까지 다니는, 오랜 역사 속에서 뿌리내린 '내리교회'에 첫발을 내딛는 계기였다. "한국의 어머니교회"라고도 불리는 감리교 교단의 '내리교회'는 인천에 설립된 최초의 개신교 교회로, 인천시 중구 내동에 있다. 일제강점기에 한국에 들어온 선교사들은 대부분 인천을 거쳐 서울로 들어왔기 때문에 인천은 다른 어느 지역보다 기독교 복음을 가장 먼저 받아드린 지역이다.

한 시라도 빨리 하나님을 만나고 싶은 마음에 바로 그 주 주일에 새신자 등록을 했다. 하지만 기쁨도 잠시, 이내 교회에 실망하고 말았다. 아니, 크게 상심했다. 아무도 환영해주지 않고, 뭐가 좋은지 저희끼리 어울려 잔칫집에 온 것 마냥 시끌시끌했다.

교회가 이런 곳인가? 그들만의 천국에서 나는 복수가 가득찬 채로 고통스럽고 외롭게 병마와 싸우고 있었다. 내 처지로 인해 점점 더 소외감을 느꼈다. 그런데다가 복수에 한가득 물이 차서 숨 쉬기도 힘들고 예배를 드리려 1시간 동안 앉아 있기도 힘들어 곤욕스러웠다. 몸은 아프고 어느 누구도 내게 관심이 없는 것 같았다. 이곳에 하나님이 계시는 것 맞나? 의심스럽기도 했다.

그렇다고 이대로 교회 생활을 포기할 수 없었다. 이 병은 교회에 열심히 다니면 나아질꺼라고 한 무당 아줌마의 말을 믿고 싶었다. 원인도 모르는 이 병을 치료받으려면, 또 신어머니 같은 무당이 되지 않으려면 내게는 다른 방도가 없었다. 오직 이 생각에만 집중하기로 작정했다. 그러니 한결 마음이 가볍고 편해졌다. 복수로 가득찬 배의 계속되는 통증으로 예배당에 앉아 예배드리기는 매주 힘들었지만, 무당이 시킨대로 나는 아파도 주일예배에 빠지지 않았다.

예배당 중앙의 십자가에 달리신 예수님

그로부터 몇 주 지난 어느 주일, 나는 특별한 체험을 했다. 설교를 듣던 중에 갑자기 내 앞에 환상이 열린 것이다!

그날도 복수가 차서 나는 뒷자리에 앉아 예배드렸다. 이복희 목사님의 설교 중에, 그 위로 환상 가운데 엄청 눈부신 흰 가운을 입으신 예수님의 모습이 보였다. 그런데 예수님이 교회 중앙의 대형 십자가 위에 매달리셔서 온몸에서 피를 철철 흘리고 계신 것이 아닌가.

그때만 해도 나는 교회에 세워진 십자가는 그저 교회 건물의 상징으로 달아놓은 줄로만 알았다. 어떤 의미가 있는 줄은 전혀 생각도 못했다. 그런데 갑자기 내 눈에 비친 환상에서 예수님이 가시 면류관을 쓰셨고 상체가 벗겨진 몸으로 손에는 대못이 박혀 있었다. 정확히 보여 주셨다.

더 놀라운 것은 내가 환상 중에 갑자기 길다란 창을 던져서 예수님의 옆구리에 꽂았다. 그 길다란 창이 예수님의 옆구리 정중앙에 상처난 그 자리에 정확히 꽂혔다. '이게 어떻게 된 거지? 왜 이런 일이 일어난거지?' 하는 생각이 들자 예수님이 이런 감동을 주셨다.

"그동안 네가 이렇게 나를 찔렀단다."

나는 도무지 이해할 수 없었다.

"언제 예수님을 제가 창으로 찔렀나요?"

"네가 죄를 지을 때마다 나를 찌른 거란다."

그랬다. 예수님은 내가 죄 지을 때마다 내 죄가 긴 창이 되어 예수님의 옆구리에 꽂혔던 것이다. 예수님이 내 죄로 인해 내 대신 십자가에 매달리셨다. 내 죄로 인해 옆구리에 창이 찔리셨다. 내 죄로 인해 십자가에서 피를 흘리신다고 하셨다.

과거의 내 모습이 떠올랐다. 집으로 전도하는 사람이 오면, '저것들은 살림도 안 하나'하며 문도 안 열어주고, 재수 없다며 물을 뿌리고 소금를 뿌리기도 했다.

"주님, 저를 용서해주세요. 죄를 지어 예수님을 찌른 것을 용서해 주세요. 예수님이 이렇게 내 죄 때문에 아프셨는지 몰랐어요."

지난날 크고 작은 죄들이 떠올라 회개의 기도가 터졌다. 그렇게 예배당에서 한참을 기도하며 울다 눈을 떠보니 십자가에 매달리셨던 예수님은 사라지고 안 계셨다. 그 후로 아무리 힘이 들어도 주일에 빠지지 않고 더욱더 열심히 교회에 가게 되었다.

예수님을 믿는 자든 안 믿는 자든 우리가 죄 지을 때마다 그 죄의 창을 우리 대신 예수님이 맞고 계신다.

그렇게 환상으로 보여 주신 예수님께 너무 죄송해서 죄를 짓지 말아야 겠다고 결단했다. 예수님은 나의 죄를 깨닫게 하시려고 그날 환상 중에 나의 영안을 열어서 보여주신 것이었다.

사도 바울에게 나타나셔서 "나는 네가 핍박하는 예수다." 하고 말씀하셨던 성경 구절을 다시 찾아 읽게 하셨다. 이러한 사도 바울처럼, 예수님은 말씀에 어두웠던 신앙 초짜인 나의 믿음이 잘 자라도록, 가끔 특별한 환상으로 보여 주셨다. 특히 내가 예수님을 믿고 환란을 많이 겪을 때 그 환상을 통해 들려주시고 다 보여 주셨다.

교회에 등록 후 얼마 지나지 않아 마귀의 공격을 받았다. 내가 예수님을 믿고자 하니 마귀는 못 믿게 하려고 나를 상대로 전쟁을 선포한 것 같았다.

낮이고 저녁이고 잠을 자려고 눈을 감으면, 목을 조르기도 하고 물 속으로 끌고 들어가기도 하고 큰 장대로 나를 찌르기도 했다. 여러가지 방법으로 괴롭히는 통에 아무리 애를 써도 도저히 잠들 수가 없었다. 복수가 차서 몸이 아픈 것도 힘든데 마귀의 공격은 그보다 더 훨씬 괴롭고 두려웠다.

어느 날, 누군가 나에게 내 생애 첫 성경책을 선물해 주었다. 나는 초신자였기에 성경을 펼쳐서 어디를 봐야 할지 막연했다. 마침 성경책 사이에 끼워둔 책갈피의 성경구절이 눈에 띄어, 그 말씀을 붙들고 "하나님이 계시면 한 번만 살려주세요."라고 간절히 기도드렸다.

하나님의 딸, 정희 ●

기도 덕분인지 신기하게 얼굴도 모르는 내리교회의 성도, 약 다섯 분이 매일 집으로 찾아와 찬송을 부르고 기도를 드려 주셨다. 예전에는 문지방이 닳도록 자주 찾아오던 이웃도, 친구도, 형제도, 부모도 막상 내 몸에 병이 드니 발길을 뚝 끊은 상황이었다. 성도들이 심방을 올 때마다 얼마나 큰 위안이 되고 기쁘고 든든한지 몰랐다. 처음 느껴보는 감정이었다. 그런데 내심 걱정되는 것 한 가지가 있었다. 감사하고 좋은데 걱정된 나머지 나도 모르게 그 말을 뱉고 말았다.

"드릴 돈도 없고, 대접할 형편도 안 되고, 어떻게 해야 할지……." 그 순간 누군가가 나에게 말했다.

"우리도 하나님으로부터 거저 받아서 거저 주는 거예요. 물도 안 줘도 되니 전혀 부담 갖지 마세요. 혹시나 주변에 어려움 당한 사람을 보면 우리가 한 것처럼 그 사람에게 하면 그것이 빚을 갚는 길입니다."

그 말을 듣고 얼마나 감사한지, 가슴이 벅차 오르고 눈물이 맺혔다. 잔칫집 같다고 느낀 교회가 사실 교제의 기쁨으로 뜨거웠던 것이었고 이렇게 뒤에서 기도하는 이들의 열심도 있다는 것을 깨닫게 해주셨다. 진짜 가나안 잔칫집 같은 교회였다.

10
chapter

시이모님의 삶에서
예수님을 보다

40여 년 전, 음력 정월 초하루였다. 건강하시던 시이모님이 80세 되던 명절에 하나님의 부르심을 받았다. 아침에 예배를 드리고 자녀들에게 세배를 받으신 후였다. 점심때쯤 갑자기 가족을 모두 안방으로 불러 모으시고는 이렇게 말씀하셨다.

"어서 장례준비를 해라. 하나님께서 지금 나를 데려가신다고 하신다. 먼저 담임 목사님께 이 사실을 알려라. 친척들에게도 알려라. 하나님 나라에 난 먼저 간다. 기쁜 일이니 장례 음식 말고 잔칫집 음식으로 준비해라. 너희도 예수님을 잘 믿다가 훗날에 천국에서 다시 만나자."

가족들은 황당해서 갑자기 왜 그러시느냐고 되물었지만, 잠시

하나님의 딸, 정희 ●

후면 데려가실 거라고 같은 말만 반복하셨다. 농담으로 여겼는데, 말씀이 끝나자 한복을 차려 입으시고 머리도 곱게 빗고 방 아랫목에 앉으시더니 그대로 눈을 감고 운명하셨다. 평안한 모습이었다.

화평동 성결교회에서 신앙생활을 하시던 시이모님, 천생 '여자 예수'와도 같은 김거북 권사님의 삶은 무척 가난했다. 늘 단칸방 신세로 이곳저곳을 전전해야 했다. 심지어 중풍으로 쓰러져 거동도 못하는 남편과 소아마비로 걷지 못하는 아들을 홀로 한 방에서 병시중을 해야 하셨다. 그러나 한 번도 불평하거나 한탄한 적 없었다. 오히려 찬송을 부르며 항상 감사함으로 섬겼다. 늘 찬송을 부르고 기도하는 분으로 매사에 기뻐하고 감사하며 항상 싱글벙글해서 가난한 사람이라고는 전혀 느껴지지 않았다. 이모님은 주로 '주 안에 있는 나에게 딴 근심 있으랴', '나의 갈길 다 가도록 예수 인도하시니'로 시작하는 이 두 곡을 늘 즐겨 부르셨는데, 입에서는 하루도 찬송이 떠나지 않았다.

또 병든 가족을 돌보면서 노래하듯이 간구하는 기도를 늘 하셨다. "하나님, 아들을 먼저 데려가시면 우리 남편이 얼마나 마음 아프겠어요? 그러니 남편을 먼저, 그 후에 아들을 데려가세요. 일 년 후에는 저를 데려가 주세요." 주님은 그 기도를 정말 그대로 이루어 주셨다.

80세, 한평생 살아오면서 이모님은 오직 예수님의 말씀대로 살아가셨다. 형제 사랑과 이웃 섬김과 나눔을 몸소 실천하며, 가진 것이 없는 중에도 항상 베풀며 사셨다. 가난해도 마음만은 항상 부유하셨다.

이런 이모님을 괴롭히는 원수같은 사람도 물론 있었다. 그러나 이모님은 당신을 몹시 괴롭히던 상대방이 어떤 악한 행동을 해도, 그 사람을 용서하고 돌봐주며 정말로 끝까지 사랑으로 대하셨다. 어떻게 저렇게 할 수 있지? 도무지 이해가 되지 않았다. 이모님을 보면 예수님을 보는 것 같았다. 예수님이 살아계신다면 아마도 저런 모습이 아닐까.

꿈에서 만난 시이모님

이모님이 돌아가신 후 몇 달이 지났지만, 안 계신 것이 여전히 믿기지 않고 많이 허전했다. 생전에 이모님은 늘 우리 집에 오셔서 내가 힘들까봐 아기도 사랑으로 돌봐주시고 기도도 해주셨다. 인자한 모습으로 나를 또 얼마나 사랑해 주셨는지 이모님과 함께할 때면 나는 늘 행복했다. 꼭 한 번만이라도 꿈에서 다시 이모님을 만나고 싶은 마음이 간절했다.

드디어 꿈 속에서 나는 그토록 그리던 이모님을 만났다. 이모님과 교제하자 마음이 따뜻해지면서 한없이 행복했다. 대화 중에 이모님은 나에게 천국에 대한 사모함과 소망을 주었다.

"애야, 여기는 천국이다. 천국에 와보니 얼마나 좋은지 뜬 눈이 감기지도 않고, 놀라서 벌어진 입이 다물어지지 않는단다. 교회에서 천국에 대해 듣기는 했지만, 막상 내가 와보니 목사님들에게서 들은 것보다 천국이 훨씬 좋구나. 애야, 잘 들어라. 교회 생활을 대충하거나 놀지 말고, 부디 열심히 신앙생활 하려무나. 교회와 목사님께 충성하고, 목사님 말씀에 순종해라. 봉사하고, 전도하고, 때가 되어 주님이 부르시면 천국에 오거라."

꿈에 그리던 이모님과의 달콤한 교제가 끝나자 너무 아쉬웠지만, 그대신 나에게는 더 큰 소망이 생겼다.

'천국은 정말 있구나! 그렇게 아름다운 신앙인으로 사시더니 이모님은 천국에 계시구나! 나도 신앙 생활을 열심히 해서 꼭 천국에 가야지. 천국에 가서 예수님도 만나고, 성경 속 인물들도 만나고, 나를 사랑해 주시던 이모님을 만나서 그동안 못다 한 이야기를 실컷 나눠야지……'

나더러 주여 주여 하는 자마다 다 천국에 들어갈 것이 아니요 다만 하늘에 계신 내 아버지의 뜻대로 행하는 자라야 들어가리라 (마태복음 7:21).

11
chapter

부산에서 온
뜻밖의 손님

한참 교회에 다니며 말씀도 읽기 시작하고 기도도 늘려가던 나날이었다. 어느 날, 정오경에 밖에서 초인종 소리가 들렸다.

"여기가 내리교회에 다니는 김정희 씨가 사는 집 맞습니까?"

문을 열자 60대로 보이는 웬 할아버지가 부산 모 교회에 다니는 장로라며 심한 부산 사투리로 자신을 소개했다. 누군데 어쩐 일로 나를 찾는 것일까? 이야기를 들어보니, 전국에 다니며 전도 여행을 하는 중인데 어젯밤 꿈에 주님이 나에게 전하라는 말씀이 있어서 온 심부름꾼이라고 했다. 하나님께서 어느 동네 어느 집을 찾아가면 내리교회에 다니는 김정희라는 사람이 살고 있을 것이니 그 집에 찾아가서 예배드리고, 김정희에게 기도제목 세

86

하나님의 딸, 정희 ●

가지를 일러주라고 하셔서 물어물어 우리 집까지 찾아왔노라고 했다. 그러더니 그분은 예배드려야 하니 굳이 집으로 가야 한다며 방으로 안내를 하라는 것이다. 내가 망설이자, 이복희 목사님을 알고 있다 하기에 강도는 아닌가 싶어 집으로 안내했다.

둘이 예배를 드리는데, 장로님의 기도가 청산유수였다. 그 순간 모든 의심이 사라졌다. '도대체 나에게 어떤 기도를 하라고 하나님은 이렇게 생면부지의 사람까지 보내신걸까?' 예배를 마치자 장로님은 약속대로 세 가지 기도제목을 알려주셔서 나는 귀 기울여 들었다.

장로님이 알려주신 나의 세 가지 기도제목은 이러했다.
첫 번째, 남편을 위하여 기도하라. 두 번째, 자녀를 위하여 기도하라. 그러더니 세 번째 기도는 내가 기도하면 무엇을 기도해야 할지 주님이 직접 일러주실 거라고 했다. '도대체 뭐지?' 나는 기운이 빠졌다. 내용을 구체적으로 알려주면 좋으련만, 답답한 마음에 나는 장로님을 졸랐다. 장로님은 딱 부러지게 거절하더니, 시간과 장소를 정해 100일 작정 기도를 하라는 당부의 말을 남기고 떠났다.

장로님을 배웅하고 방에 들어오니 바닥에 장로님의 손수건이 떨어져 있었다. 손수건을 전해 드리려고 서둘러 나갔는데, 그새

흔적도 없이 사라지셨다. 장로님은 다리 한쪽을 심하게 저는 분이라 빨리 걸을 수가 없는데, 정말 희한한 일이었다. 귀신에 홀린 기분이었다.

100일이라니 보통 일은 아니겠지만, 나는 매일 밤 10시에서 12시까지 안방에 위에 있는 다락방에서 기도하기로 정했다. 그이후 날마다 밤 10시만 되면 다락방에 올라가 기도했다. 혹시 시간이 안 될 때는 다만 몇 분이라도 꼭 기도했다. 남편과 아이들이 잠든 시간이라 마음속으로만.

막상 기도하려고 보니 어떻게 기도해야 할지 몰랐다. 기도하는 방법을 교회에서 따로 일러주지도 않았고, 우리 집에는 예수님을 믿는 사람도 없었다. '무엇을 놓고 기도해야 할까?' 한참 고민 끝에 우선 나는 첫번째로 남편이 예수님을 믿고 새사람이 되게 해달라고 했다. 두번째로 갑자기 말을 안하는 딸을 위해서는 말문이 트이도록, 하루에 수십 번씩 소변을 보는 딸의 병 또한 치료해 달라고 정말 애타게 기도했다.

그리고 세 번째 기도는 남동생으로 정했다. 그 당시 나에게 가장 큰 근심이라면, 남편도 모르게 친정 남동생에게 우리 집을 팔고 생긴 돈을 빌려준 일이었다. 나에게 돈이 있는 걸 어떻게 알았는지 동생이 며칠만 쓰고 주겠다고 했었다. 그런데 그 뒤로 몇 달이 지나도록 연락이 안되더니 소리소문 없이 잠적해 버렸다. 남편에게는 말도 못하고 혼자서 엄청나게 속앓이를 하고 있었다.

"하나님, 남동생이 우리 집 판 돈을 모두 가져갔어요. 한 푼도 쓰지 않고 그대로 가져 오게 해주세요."

그렇게 기도 제목을 정하고 열심히 기도하면서도 동시에 "한 가지 기도제목은 약속대로 하나님이 직접 일러 주세요."라고 물으며, 날마다 똑같은 기도를 3개월 정도 했다. 그러던 중에 하루는 기도 중에 그만 깜빡 잠이 들고 말았다. 눈을 떠보니 그 다음 날이었다. 그것은 청천벽력과도 같았다. 나는 무슨 큰 금기사항을 어긴 것 같아 크게 낙심했다. 사실 그날 하루 빼고는 기도시간을 어긴 적이 없어 너무 속이 상했다. 행여 밤 10시 이전에 잠들까봐, 졸린 날에는 잠에서 깨려고 찬물로 세수를 하거나 밖에서 서성이기도 했던 나였다.

나는 놓친 그 시간을 물러 달라며 하나님께 울며 반복해서 떼쓰며 매달렸다.

"하나님, 지금부터 기도할게요. 지금부터 하는 기도를 어제 한 걸로 쳐주세요. 제발요."

어느덧 새벽기도 시간이 되어 그대로 교회로 향했다. 기도시간을 놓친 일로 여전히 속상해 기도하는데, 놀랍게도 갑자기 하나님의 음성이 들리는 것이었다.

"네 부모를 공경하라. 남편에게 주님께 하듯이 하라. 자녀를 말씀과 기도로 훈계하라. 열심히 전도하라. 성경을 열심히 읽어라. 쉬지 말고 열심히 기도 생활하라. 가정 예배를 드려라. 교회 예배에 빠지지 말거라."

장로님이 말한 대로, 하나님이 정말 친히 기도제목을 알려주신 것이다! 작정 기도를 시작한 지 80여 일만이었다. 무척 기쁘고 감사해서 정말 덩실덩실 춤이라도 추고 싶었다. 그렇게 100일을 다 채울 때까지 나는 기도를 멈추지 않았다.

100일 기도의 날짜를 다 채우고 나니 이게 웬일인가. 정말로 내가 기도한 내용들에 대하여 하나님께서 모두 응답해 주셨다!

남편은 교회 출석을 약속했고, 말 못하던 딸은 말문이 열리기 시작했고, 소변을 자주 보던 딸도 "엄마 나 오늘 소변 몇 번 밖에 안 봤어."라고 하는 것이 아닌가! 하나님, 감사합니다! 온 가족이 기뻐하며 너무 신기해 했다. 나의 또 다른 근심거리였던 남동생은 어떻게 되었을까? 돈 한 푼 쓰지 않고, 그대로 나에게 가져 온 것이 아닌가. 이렇게 하나님은 남동생의 문제까지 보란 듯이 해결해 주셨다.

하나님은 기도할 것은 너무 많은데 기도하지 않고 있는 나를 불쌍히 여기셔서 심부름꾼을 사용해 나로 하여금 기도하게 하시고, 또한 약속한 것을 이루어 주신 것이다. 나는 나를 사랑하시는 그 하나님을, 100일 작정 기도 기간 동안에 아주 친밀하게 만났다.

예수님의 십자가로
사탄과 싸우다

하루는 꿈 속에서 사람 머리 크기만 한 시뻘건 불덩어리가 나에게 바짝 다가오더니 나를 태워 죽이려고 죽자고 덤벼 들었다. 벼락이라고 했다. 너무 무서워서 방바닥에 납작 엎드려 "하나님, 살려주세요!"하고 목청껏 소리 질렀다.

며칠 후 또 꿈을 꾸었다. 키가 20m쯤 되는 남자 거인이 내 앞에 서 있었는데, 너무 커서 내 시야에는 거인의 다리와 몸체만 보였다. 무서워 벌벌 떨면서도, 뭐라도 해야겠다 싶어 용기를 내어 손가락으로 십자가 모양을 만들어서 거인의 얼굴을 향해 보여 주었다.

그랬더니 의아하게 거인도 보란 듯이 나처럼 자기 손가락으로 십자가를 만들어 나를 향해 갖다 대는 것이 아닌가. 하지만 바로 그 순간, 아주 순식간에 놀라운 일이 벌어졌다. 갑자기 거인의 입에서 시커먼 피가 쏟아져 흐르더니 얼굴색이 시퍼렇게 변했다.

꿈이라기엔 너무 생생하게 느껴졌다. 한 편의 공포영화를 보는 듯했다. 잠시 후 거인은 내 옆으로 꽈당하고 넘어지면서 우당탕 소리를 내며 쓰러졌다. 나는 그때 환희에 차서 "주여 감사합니다!" 하고 소리를 질렀다.

깨어보니 꿈이었다. 내 몸은 온통 식은땀으로 젖어 있었고 탈진 상태였다. 그날 내가 싸워 이긴 거인의 정체는 마귀요, 사탄이었다! 우리 안에 예수님의 십자가만 있다면 능히 이기지 못할 것이 없다. 예수님의 십자가는 우리에게 큰 능력이다. 사탄과의 싸움에서 승리했다는 사실에 나는 기쁨이 넘쳤다. 할렐루야!

13
chapter

하나님이 주신 선물,
불같은 회개

우리 집에서 속회 예배를 드린 어느 날이었다. 속도원들은 이런 말을 주고받았다.

"오늘 저녁에 어디에서 만날까? 은혜 받으러 가야지."

어디에 가자는 걸까? 왜 나에게는 가자는 말을 안할까?

'나도 받는 거 뭐든 정말 좋아하는데…….'

속도원이 가고 난 뒤, 나는 혼자라도 가겠다고 마음 먹고, 아무래도 담을 것이 필요할 것 같아 큰 보자기를 챙겨 그들의 뒤를 몰래 따라갔다.

속도원들이 어느 조그마한 교회로 들어가기에 나도 슬며시 따라 들어가 맨 뒷자리에 앉았다. '아, 무엇을 나눠주겠다고 한 곳이 교회였구나. 은혜라는 걸 주려면 빨리 좀 주지.' 나는 언제 그 선물을 줄지 기다리며 목사님의 찬송과 설교가 끝나기만 기다렸다. 그러나 싱겁게 아무것도 주지 않은 채 예배는 끝났다. 그런 예배가 며칠 동안 하루에도 몇 차례나 열린다는 광고를 들은 뒤라, 오늘은 첫날이라 안 주나 보다 생각하고 다음 날에도 갔다. 준다던 걸 혹시 언제 줄지 몰라 줄 때까지 기다린다 하는 각오로 새벽이고 낮이고 저녁이고 한 번도 빠지지 않고 부지런히 다녔다.

3일째 되던 날이었다. 목사님께서 안수 기도를 해주신다며 모두 눈을 감으라고 했다. 도대체 언제 주려고 그러지? 혹시 남들 몰래 '은혜'란 걸 주는 것 아닌가 싶어 몰래 실눈을 뜨려는데 갑자기 눈꺼풀이 붙어 도무지 눈을 뜰 수가 없었다.

그때였다. 갑자기 머리통만 한 빨간 불덩어리 하나가 맨 앞사람부터 한 사람씩 각 사람을 태우는 것이 아닌가! 저 불덩어리를 맞으면 나는 타 죽겠구나. 무서워서 도망가려는데 엉덩이가 마룻바닥에 붙어 몸이 꼼짝 안 했다. 아뿔싸! 급기야 그 불덩어리가 나의 머리와 가슴에 와서 닿았다. 그 순간 나는 "하나님!"하고 소리를 질렀다.

"하나님, 저를 살려주세요. 그리고 용서해주세요!"

죄인인 나를 용서해주신 은혜

바로 그 순간, 6년 동안 중풍을 앓고 계신 친정아버지가 떠올랐다. 가족 모두가 병간호에 지치고 병원비로 고통스러워했다. 언제부터인가 아프신 친정아버지가 원망스러워서 너무 싫고 귀찮다고 생각했다. 차라리 돌아가셨으면 하고 바랐다. 하나님은 가슴에 붙여 놓으신 불덩이를 통해 아버지를 위해 기도하지 않은 죄와 아프신 아버지를 미워했던 내 모습을 깨닫게 하시면서 그 죄를 물으셨다. "살려주세요. 하나님. 아버지를 미워한 거 용서해주세요. 이 불효를 용서해 주세요."

그렇게 한참을 기도했다. 또한 하나님을 만나기 전에는 죄인 줄 몰랐던 사사로운 거짓말과 속였던 작은 죄까지 깨닫게 하시는 그 불덩이를 붙들고, 나는 통곡하면서 회개 기도를 했다.

하나님이 내리신 뜨거운 불덩어리라 굳게 믿고 용서해주실 때까지 나는 불덩어리를 놓지 않았다. 한참을 그렇게 기도하다가 눈을 떠보니 내가 붙잡았던 불덩어리는 알고 보니 내 머리에 손을 얹고 간절히 기도해 주시던 목사님의 한쪽 다리가 아닌가.

그날, 드디어 '은혜'를 받았다. 사람에게서 받은 것이 아닌 하나님께로부터 선물 받은 '하나님의 은혜'였다. 내가 일종의 물건 쯤으로 오해해서 큰 보자기에 받아 가려고 날마다 부흥성회에 참석해서 오매불망 기다렸던 '은혜'란 것은, 사실은 '나를 만나

주신 하나님'이었다. 죄로 더렵혀진 나의 영혼 밭이 '회개'로 깨끗해지니 하나님의 충만, '성령님'이 내주하여 주셨다. 더불어 은혜의 선물로 '방언 기도'를 함께 받았다.

나에게는 참으로 놀라운 변화가 생겼다. '기도의 불'이 붙은 것이다. 하루에 2~3시간도 좋고 8시간도 좋고 시간이 닿는 대로 기도했다. 신기한 것은 그렇게 오래 기도하는데도 하나도 힘들지 않았고 오히려 기도하면 할수록 새로운 힘이 생겼다. '은혜' 받은 그날 이후 71세를 맞은 오늘까지 나는 기도를 쉬어 본 적이 없다. 지금껏 수십 년 동안 '쉬지 않고 기도하는 것'이 하나님이 나에게 주신 가장 큰 '은혜'이다.

14
chapter

예수님과
천국에 가다

저녁 9시에 내리교회의 베들레헴 성전으로 기도하러 갔다. 이미 성도들이 기도 중이었다. 나도 맨 뒷자리에 앉아 기도하는데, 갑자기 강대상에서 반딧불 같은 것이 비추기 시작했다. 그 불빛은 점점 커졌고, 급기야 그 불빛이 점점 커지다가 급기야 캄캄한 밤에 자동차의 헤드라이트에서 나오는 불빛의 세기보다 백 배, 천 배나 되는 밝기로 나에게 비추이더니, 그 순간 나의 모습이 두 가지로 나타났다. 예수님의 품에 안겨있는 어린양의 모습도 나요, 그 옆으로 예수님을 바라보고 있는 것도 나였다.

예수님은 나를 안고 어디론가 가셨는데, 이 세상과는 다른 세상이었다. 예수님께서는 어느 호수로 가서 나를 눕히시더니 나의 배를 여셨다. 죄악으로 병들어 추하고 더러운 것들을 뱃속에서 꺼내어 호수의 물로 깨끗이 씻어 주시면서, "이제 내가 네 병을 다 고쳐주겠다." 하시고는 다시 뱃속에 넣고 배를 닫으셨다.

잠시 후 우리가 도착한 목적지는 도무지 이 세상과는 비교할 수 없는 곳이었다. 양들이 뛰어 놀고, 마음만 먹으면 어디든지 빛과 같이 갈 수 있어 걸어 다닐 필요가 없었다. 나는 너무 기쁘고 행복해서 말로 표현할 수 없었다.

더 깜짝 놀란 것은 태어나서 30세 중반까지 살아온 나의 삶을 예수님께서 비디오로 모두 촬영해 놓고 계셨다는 사실이다! 나는 너무 놀랐다. 내가 예수님을 믿기 시작한 건 28세였는데, 어떻게 예수님은 내가 태어난 순간부터 사진을 전부 찍어 놓았을까?

예수님은 내가 살아온 날들의 비디오를 한 장면, 한 장면 보여주셨다. 그러면서 내가 잘못한 것은 회개시키시고, 인내한 것은 칭찬해주셨다. 예수님은 내가 괴롭고 슬퍼할 때는 위로해 주셨고, 넘어지면 일으켜 안아주셨다. 예수님은 그렇게 내 삶 가운데 늘 나와 함께 해주셨던 것이다.

주님과 천국에서 살래요

주님을 만난 기쁨과 동시에 걱정 근심 없는 천국이 얼마나 좋은지, 다시 세상으로 돌아가고 싶지 않았다. 가족을 다 버리고서라도 영원히 예수님과 살고 싶었다. 이런 나의 마음을 다 아시는 예수님은 잠잠히 보시며 '사랑하는 딸아, 세상을 내려다 보거라' 하시더니 이렇게 당부하셨다.

"네 남편을 너에게 맡겼다. 너의 행실에 따라 남편 믿음이 자랄 것이니, 신앙으로 잘 양육하여라. 그는 훗날 내리교회의 장로가 될 것이다. 세 명의 딸 또한 너에게 맡겼다. 믿음과 사랑으로 잘 양육하여라. 이제 세상에 내려가서 사명을 다 하거라. 때가 되면 이곳으로 다시 부를 것이다."

천국에서 내려다본 이 세상은 지옥과도 같았다. 사람들의 모습이 구더기처럼 보였는데, 사람들은 온종일 한시도 쉴 새 없이 무엇을 먹을까 염려하고 걱정하며, 슬픔과 괴로움 속에서 온통 나만 살겠다며 우글거렸다.

"싫어요. 다시는 세상에 안 갈래요. 주님, 여기서 살래요. 제가 얼마나 슬프고 괴로웠는지 아시잖아요."

나는 울며불며 주님께 매달렸지만, 주님은 "사명을 다할 때까지 다시 내려가거라." 하는 말씀 뿐이었다.

눈을 떠보니 새벽 4시였다. 나는 무릎 꿇고 기도하던 자세였다. 기도를 마치고 교회 마당을 지나 집으로 가는데, 한 번도 보지 못한 희한하고 신기한 장면을 목격했다. 도로 양옆에 놓인 가로수들이 나를 보더니 "주님을 만나서 얼마나 기쁘니?"하고 나에게 축하한다는 의미로 손을 흔들어 주었다. 그러면서 할렐루야로 하나님을 찬양하며 함께 기뻐해 주는 것이 아닌가. 나도 얼마나 기쁜지 덩실덩실 춤을 추며 집으로 갔다.

하나님,
기도를 잘하고 싶어요

교회에 몇 년 다녔는데도 도무지 무엇을 어떻게 기도해야 할 줄 몰랐다. 날마다 기도하는 내용이라고는 거의 비슷하고 별다른 게 떠오르지 않았다. 성령체험을 통해 방언을 받았지만 무슨 말인지 알아 듣지 못해 답답한 마음에 사용하지 않게 되었다. 방언으로 기도하지 않으니 내가 날마다 구하는 것이라고는 그저 남편과 자녀들을 위한 기도뿐이었다. 그나마 있던 기도거리도 응답받고 난 뒤여서, 기도 시작하고 5분이면 더는 구할 것이 없어 마음이 답답해졌다.

사실 나의 기도생활은 이랬다. 남들이 기도내용을 들을까 봐 소리 내어 기도하지 못하고, 앉아서 눈 감은 채 그저 시간만 때

우는 것이 전부였다. 기도를 열심히 하는 성도들을 보면 너무 부러웠다. '어떻게 1시간 이상 거뜬히 기도하지? 어떻게 하면 나도 저렇게 1시간, 2시간씩 기도할 수 있을까?' 나도 그들처럼 기도를 잘하고 싶고, 정말 그들을 닮고 싶었다. 남들은 뭐라고 기도하는지도 궁금했다.

그래서 하루는 기도에 열심인 한 권사님 옆에 바짝 붙어 앉아 그분이 하는 기도 소리를 들어보았다. 무슨 기도를 몇 시간씩이나 할까? 권사님은 어느 나라 말인지 알 수 없는 말로 기도하다가 가끔은 한국말도 사용했다. 권사님이 뭐라고 하는지 옆에서 잘 엿듣고 있다가 그분이 '아멘'하면 나도 '아멘'하고 따라 하는 식으로 기도를 배우려고 했다. 기도를 잘하고 싶어 어떤 때는 주님을 몇 천 번 부르기도 하고 주기도문을 계속해 보기도 했다. 나름 이 방법 저 방법을 모두 사용해보았지만 시원한 방도를 찾지 못한 채, 나는 기도와 계속 씨름했다.

3일 금식 기도의 제목

기도를 포기할 수는 없었다. 이대로는 안 되겠다 싶어서 기도원으로 향했다. 3일 금식기도를 작정하고, 3일 동안 물만 마시며 오직 한가지만 기도했다.

"하나님, 저도 기도를 잘할 수 있게 해 주세요."

하나님의 딸, 정희 ●

3일이 끝나갈 무렵 마침내 주님의 음성이 들렸다. '너희는 먼저 그의 나라와 그의 의를 구하라.'

"그게 무슨 말씀입니까? 그의 나라와 그의 의가 무엇입니까?"

그런즉 너희는 먼저 그의 나라와 그의 의를 구하라 그리하면 이 모든 것을 너희에게 더하시리라(마태복음 6:33).

사실 나는 그때까지 성경을 한 번도 제대로 읽어본 적이 없었다. 그냥 가방 속에 담아두었다가 교회 예배시간에 겨우 펼쳐 읽는 정도였고, 목사님을 통하여 듣는 설교가 당시 내가 읽고 들은 성경의 전부였다. 사실 성경을 읽어보겠다고 수차례 큰 마음먹고 펼쳤지만, 막상 도통 무슨 뜻인지 이해가 안 되니 재미가 없어 성경을 엎어두기도 했다. '성경이 나와 직접 무슨 상관이 있지' 하는 의문도 들었다. 말씀의 뜻을 알게 해달라고 기도로 간절히 구하자. 그때부터 주님은 나에게 말씀의 뜻도 구체적으로 일러 주셨다.

보통 '기도'라고 하면, 우리는 무엇을 기도해야 할까? 성경은 분명히 먼저 그의 나라와 그의 의를 구하라고 말씀한다. 그러면 모든 것을 우리에게 주신다고도 약속하신다. 그런데 '먼저 그의 나라와 그의 의를 이루는 것'이란 구체적으로 무엇일까? 그리고 우리는 기도로써 무엇을 구해야 할까? 주님은 나에게 '그의 나라와 그의 의를 구하라'는 성경구절의 뜻을 구체적으로 알려주셨다.

혹시 '그의 나라와 그의 의를 구하라'는 뜻이 무엇인지 몰라서 기도하지 못하는 분이 있다면, 도움이 되기를 바라는 마음에서 내가 주님께 받은 내용을 공개한다. 아래는 하나님이 나에게 들려주신 음성이다. 다른 분들은 나와는 다른 내용으로 받을 수도 있다. 하나님은 나에게 하루도 쉬지 말고 몇 시간씩 다음과 같이 기도하라고 하셨다.

"나는 전 세계의 모든 사람을 똑같이 사랑한단다. 너 또한 누군가의 기도 덕분에 구원받은 '복음에 빚진 자'란다. 그 빚을 갚으려면 이와 같이 기도해야 한다."

"크게, 먼저는 대한민국을 위해 기도하고, 그 다음 한국교회를 위해 기도하거라. 마지막으로 너를 미워하는 자를 위해 축복 기도하거라."

1. 대한민국의 대통령과 위정자들을 위해 기도하거라.

지혜 있는 자는 궁창의 빛과 같이 빛날 것이요 많은 사람을 옳은 데로 돌아오게 한 자(전도자)는 별과 같이 영원토록 빛나리라(다니엘 12:3).

1) 그들이 솔로몬과 요셉에게 주었던 '지혜'를 받아 하나님을 경외하고, 겸손히 하나님의 음성을 듣고, 모세나 다윗과 같이 나라를 잘 이끌어 가도록 기도하기 바란다.

2) 군인들이 예수 믿고 구원받도록, 또한 북한 지도자들과 북한 백성들이 예수 믿고 구원받게 해달라고 기도해야 한다. 남북통일은 나의 뜻대로 이루어지기를 기도하라.

3) 한국의 문화도 기독교 문화로 나아가기를 기도해야 한다. 직장과 학교에서 복음을 전하고, 들어서 구원받게 해달라고 기도하거라.

4) 이웃 나라를 위해, 전 세계 사람들을 위해, 그중에서도 특히 자유가 없는 공산국가와 굶주리는 전 세계 백성과 질병으로 고통당하는 사람들의 영혼 구원을 위해 기도하거라.

2. 다음에는 한국교회를 위해 기도하거라.

1) 우선은 주님의 몸 된 교회를 위해 기도하거라.

교회가 세상과 타협하지 않고 칭찬받는 주님의 교회가 될 수 있도록 기도하라. 교회가 가지고 있는 구체적인 기도 제목들을 나열하고 매일같이 기도하라

2) 담임 목사님을 위해 기도하거라.

한국교회의 목회자들을 위해 기도할 때는, 큰 교회나 작은 교회나 목회자들이 성령 충만, 말씀 충만 하게 해 달라고, 그리고 참 목자가 되어 양들을 사랑하게 해달라고 기도해야 한다.

담임 목사를 위한 기도는 날마다 필수적이다. 내가 세웠기 때문이다. 그러나 목사도 사람이므로 때로는 약해질 수도 있다. 사탄 마귀가 그냥 내버려두지 않기 때문이다. 마귀는 어떻게 하든지 목회를 못하도록 방해하려 든다. 목사가 은혜로 충만하면, 성도들도 은혜가 충만해지기 때문이다. 담임 목사는 영적인 너희 아버지이다. 마치 친정 아버지처럼 생각하고 기도하거라. 목사님 말씀을 들을 때, 너는 주님의 음성으로 들어야 한다. 목사님을 대적하는 자는 주님의 책망을 받게 될 것이다.

3) 장로들을 위해 기도하거라.

새벽예배나 저녁예배 때 장로들의 모습이 잘 안 보인다고 해서 너는 장로들을 판단하지 말되, 그들을 위해 그저 기도하기에만 힘쓰라. 장로들이 할 기도를 네가 대신하면 장로가 받을 상을 네가 대신 받게 된단다.

4) 한국교회의 모든 성도를 위해 기도하거라.

모든 성도가 성령으로 거듭나 뜨거워져야 한단다. 그러려면 늘 깨어 기도해야 하고, 나가서 복음을 전하게 된단다. 성도들은 달란트가 각기 다르다. 성도들이 죄 지으면 동의하지 말고 판단하지도 말고, 성도들의 그런 안 좋은 모습이 보이거든 속으로 기도하거라. 내가 성도들을 훈련하고 있기 때문이다. 너도 현재 나로부터 훈련받고 있기에 항상 겸손하고, 낮아지기를 기도하며, 자랑하지 말라. 자랑하려면 주님만 자랑해야 한다.

한 교회에서 공동체 생활을 하게 되면 듣고 보는 일이 많단다. 또한 성도들이 서로 상처 주고 상처받는 일이 많단다. 아직 성숙하지 않아 그렇단다. 절대로 미워해서는 안 된다. 내가 다 보고 있단다.

3. 너에게 상처를 주거나 너를 미워하는 자가 있거든 그를 위해 축복 기도 하거라.

그때 주셨던 말씀대로 지금까지도 '그의 나라와 그의 의를 구하라'는 주님의 말씀에 순종하여 하루에 몇 시간씩 기도하고 있다. 기도의 놀라운 능력과 흥미로운 사실은, 하나님 말씀에 순종하려고 기도하면 할수록 기도의 폭이 넓어진다는 점이다. 기도를 잘하고 싶어서 금식까지 하면서 구했더니 하나님께서는 그렇게, 구체적으로 일러주셨다.

기도시간 5분이면 기도할 것이 생각이 안 나서 그냥 앉아 남의 기도나 엿 듣던 나 김정희를 불쌍히 여기시고 어여쁘게 보신 하나님께서는, 내가 이토록 원하는 '기도의 능력'을 마침내 나에게도 주셨다!

능력의 기도는 사랑으로 하는 기도

나는 방언과 함께 통변까지 하는 은사를 받았다. 문제는 남의 기도 내용까지 통변을 하다 보니 안 좋은 점이 있었다. 누가 방언으로 기도를 해도 내가 기도하는 사람의 개인 신상이며 집안 사정을 시시콜콜 통변으로 다 알아 듣다보니 어떤 때는 그 사람을 위해 그 사람이 하는 기도제목을 놓고 중보기도 하기도 했다. 하지만 나에게는 덕이 되지 않았다. 기도의 내용이다 보니 심각한 내용이 적잖은데, 남의 심각한 기도 내용을 알아듣다 보니 남의 기도나 듣고 앉아 있는 그런 상황이 참 웃기기도 하고 그들을 판단하게도 되어서 이게 뭐하는 짓인가 싶었다. 그래서 하나님께 남의 기도를 통변하는 은사만은 거두어 가 달라고 기도를 드렸다. 그 이후로 나는 나의 방언만 알아 듣는다.

기도의 분량으로 보자면 어떤 때는 하루에 12시간씩 기도한 적도 있었다. 기독병원의 전도사로 사역을 나가기 전의 어느 시기에, 나는 365일을 작정하고 집에서만 하루에 8시간씩 기도했다. 그것도 밤 9시부터 새벽 5시까지 철야 기도하기로 작정하고, 새벽예배에 가기 전까지 밤을 꼬박 새워 줄기차게 기도했다. 지금 생각해도 정말 기적 같은 일이다. 이것은 나를 자랑하려는 것이 아니요, 하나님께서 이끌어 주시지 않으면 나는 도저히 그렇게 할 수 없는 사람임을 고백하기 위함이다.

또 누군가는 이 책을 읽고 과거, 기도에 생초보였던 김정희 전도사가 구했던 기도의 능력을 당신도 받을 수 있으니, 더 큰 기도의 은사를 구하라는 취지에서 기도를 사모하라는 도전의 말로서 기록하는 것이다.

그렇다. 지금까지 수십 년 이렇게 기도 생활할 수 있었던 것은 전적인 하나님의 은혜이다. 날마다 주님이 나를 교회로 이끌어 주셨고, 기도할 수 있는 힘과 능력과 기쁨과 감사를 심어주셨기 때문에 가능한 사건이었다.

기도란 무엇인가? 기도는 주님의 명령이다. 주님의 부탁이고 사명이다. 기도는 일이다. 주님의 일이다. 기도는 하나님과의 대화이다. 상급이다. 사랑이다. 중보기도는 하나님의 명령인 이웃 사랑의 실천이다. 더 큰 사랑이다.

주님은 우리에게 '항상' 기도하라고 하신다. 우리는 그저 그의 나라와 그의 의를 위해 기도에 목숨을 걸기만 하면 된다. 그 뒷 감당은 모두 아버지가 책임지신다. 기도의 능력을 찾고자 해서 간구하면 주실 것이다. 두드려라. 열릴 것이다! 당신이 구하고자 하는 것을 다른 어느 곳에서 구하거나 찾지 말고 우리 생명의 근원 되시고 생수 되시는 그분께로부터 구하고 찾으면 넉넉히 이길 만큼 주실 것이다. 하물며 한낱 인간 왕의 어명 앞에서도 우리가 떨며 지킬진대, 세상 만물의 주관자이자 심판자이신 하나님의 그 '기도하라. 항상 하라.'는 어명 앞에서 어떻게 아무런 경외함이 없을 수 있는가.

> 구하라 그리하면 너희에게 주실 것이요 찾으라 그리하면 찾아낼 것이요 문을 두드리라 그리하면 너희에게 열릴 것이니 구하는 이마다 받을 것이요 찾는 이는 찾아낼 것이요 두드리는 이에게는 열릴 것이니라(마태복음 7:7~8).

그래서 나는 오늘도 기도로 주님의 나라와 주님의 의를 구한다. 내가 좋아하는 '전도'를 주제로 한 어느 찬양의 가사처럼, 오늘도 주님의 길을 간다. 쉬지 않고. 비바람이 갈 길을 막아도, 눈

보라가 앞길을 가려도. 험한 파도가 앞길을 막아도, 모진 바람이 앞길을 가려도. 이 길은 나를 구원하신 주님이 십자가 지고 가신 길이요, 그것은 곧 영광의 길이요, 이 길은 승리의 길이기 때문이다. 아멘 할렐루야.

나는 몇 달란트의
종인가?

예수님을 믿고 천국에서 주님을 만나고 보니 너무 기쁘고 감사해 견딜 수가 없었다. 무당으로 살아 지옥으로 많은 사람을 보내고 나도 지옥에 갈 뻔했는데, 아무 공로 없고 죄인 중에 큰 죄인을 사랑하시어 살려주셨으니 어떻게 하면 그 주님의 은혜에 보답할까 하여 날마다 기도했다.

'하나님, 저는 하나님의 큰 은혜를 입었는데 무엇으로 보답해야 좋겠습니까?' 하면서 성경을 읽던 중에 달란트 비유의 구절을 읽게 되었다.

각각 그 재능대로 한 사람에게는 금 다섯 달란트를 한 사람에게는 두 달란트를 한 사람에게는 한 달란트를 주고 떠났더니(마태복음 25:15).

달란트 받은 자들로는 각각의 재능대로 한 달란트, 두 달란트, 다섯 달란트 받은 세 사람이 등장했다. 다섯 달란트 받은 자는 바로 가서 장사하여 다섯 달란트를 더 남기고, 두 달란트 받은 자도 그와 같이 하여 또 두 달란트를 남겼으되, 한 달란트 받은 자는 가서 땅을 파고 그 주인의 돈을 감추어 두었다고 했다.

가장 적게 받은 자는 하나님으로부터 한 달란트를 받아 놓고도 주님의 영광을 위해 아무 일도 하지 않았다. 아마도 한 달란트 받은 자는 오직 세상 일에 얽매여 살았을 뿐 평소에는 성경은 장식용이요, 주일에는 보여주기 용이었을 것이다. 예배생활이라고는 주일에 교회 출석이 전부인 삶을 살았을 것이다. 자신이 나태하고 게으른 종인지 깨닫지 못한 채로 말이다.

두 달란트와 다섯 달란트 받은 종은, 한 달란트 받은 자와 달랐다. 그들은 주님이 주신 것을 땅에 묻어두지 않고 노력하여 받은 것보다 더 남기려고 애를 썼다. 아마도 두 달란트 받은 종은 열심히 전도하고 기도하고 봉사도 하면서 적어도 교회에서 시키는 일만큼은 부지런히 감당했을 것이다. 다섯 달란트 받은 종은 그보다 더 큰 그릇으로 살았을 것이다. 세상 일보다는 주님의 영광을 위해 살았을 것이고, 언제 오실지 모르는 주님을 생각하며 기쁨과 감사함으로 매일의 삶 속에서 충성을 다했을 것이다.

달란트을 알기 위해

'나는 이 셋 중에 어떠한 종에 해당할까?', '과연 나는 몇 달란 트일까?', '어떤 달란트를 주님으로부터 받았을까?'하고 궁금해 지자 그때부터 열심히 나의 달란트가 무엇인지 찾아 나섰다.

말씀을 읽기 전까지는 내가 어떤 은사, 즉 달란트를 받았으며, 하나님 앞에서 어떤 종인지 전혀 몰랐다. 그 말씀이 내 마음에 와서 부딪히기 전에는 달란트에 대해 생각해 볼 기회가 없었다 고나 할까.

그런데 혹시라도 내가 한 달란트 받은 자라면, 주님이 주신 달 란트를 그저 땅에 묻어 두고 살다가 훗날 주님을 만났을 때 나를 책망하시면 어쩌나 걱정이 되었다.

그 주인이 대답하여 이르되 악하고 게으른 종아 그 있는 것까지 빼앗기리라 이 무익한 종을 바깥 어두운 데로 내쫓으라 거기서 슬피 울며 이를 갈리라 하니라(마태복음 25:26).

최소한 교회의 예배에는 빠지지 말아야 하겠다. 성경 읽고 찬송을 부르고 열심히 기도하기로 했다. 성가대에서 찬양 봉사하는 것도 열심히 해보기로 했다. 달란트 비유라는 이 중대한 사안을 놓고 고민하고 기도하던 나는, 주님께 영광을 돌리는 일이라면 무엇이든지 충성을 다해야 하겠다고 마음먹었다. 그렇게 작정하고 나니 내가 해야 할 것들이 눈에 띄었다. 우선은 교회 마당이 나의 눈에 밟혔다.

내리교회는 골고다 언덕처럼 경사져서 예배당까지 들어가려면 길이 사나웠다. 특히 겨울이 문제였다. 눈이라도 내리면 교회 마당의 언덕이 미끄러워 성도들이 예배당에 올라오는 게 일이었다. 지금처럼 염화칼슘이 없던 시절이어서 일일이 빗자루로 눈을 쓸어야 했다. "그래, 눈을 치우자!"

눈 내리는 날이면 교회 경비 집사님과 둘이 눈을 치웠다. 새벽예배에 오시는 성도들이 미끄러지지 않도록 빗자루로 밤새 눈을 쓸면서 얼마나 기쁘고 감사하던지. 아, 주님을 위해 수고하는 기쁨이 이런 것이구나. 이런 나의 모습을 주님이 보신다면 주님이 나에게 '정희야, 나를 위해 수고한다'고 하시면서 얼마나 기뻐하실까 생각하니 혼자 괜스레 좋아서 배시시 웃음이 났다. 힘들고 귀찮은 적도 있었지만, 주님이 알아주신다는 것만 생각하면 가슴이 벅찼다.

눈 치우기 다음으로 내가 정한 것은 교회 청소였다. 이왕 하는 거 하나님 아버지가 계신 예배당을 우리 집보다 더 깨끗하게 먼저 청소하자는 마음이 들었다. 나는 누가 볼까 싶어 성도들이 거의 없는 한밤중을 골라 교회를 청소했다.

또 교회학교 교사로도 봉사했다. 나는 학생들을 가르칠 능력이 부족한 사람이어서 우선은 아이들 한 명 한 명을 놓고 날마다 기도하는 일에만 집중했다. 믿음으로 잘 자라서 어지러운 세상에서 주님의 빛과 소금의 역할을 잘 감당하는 하나님의 일꾼들이 되게 해 달라고 믿음으로 기도했다.

이밖에도 교회 앞에서 전도지를 나누어 주고 외면 당한 이웃의 위로자가 되어 주려고 소년 교도소에 가서 생일파티도 하고 청송 감화소 등의 교도소 선교에도 적극적으로 임했다. 교회에서 시키는 일들은 무엇이든지 순종하려고 노력했다.

무엇보다도 교도소 사역은 다른 어떤 사역보다 특별하게 느껴졌다. 세상에 들키지 않은 죄인일 뿐 나 역시도 하나님 앞에서는 그들 못지않은 죄인이었다. 교도소 사역을 통해 나는 잘못의 크기를 떠나 우리 인간 자체가 얼마나 큰 죄인인지를 느꼈다. 앞으로 남은 생애는 오직 그분의 성품을 닮기 위해 살아가야 한다는 마음 또한 더욱더 뜨겁게 받았다. 우리가 닮아야 할 주님의 성품, 그것은 바로 '사랑'의 마음이다.

국수 삶는 자와
국수 꾸미 담는 자의 상(賞)

달란트 비유를 통한 순종의 마음을 가진 얼마 후였다. 내리교회에서 토요일에 성도의 결혼식이 있었다. 결혼식의 잔치 준비를 위해 여선교회의 회원이 거의 다 모여 목요일부터 시장에 가서 장을 보아야 했다.

통상 토요일 오전이면 음식 준비가 모두 끝나기 마련이다. 결혼식 시간이 다가오면 손님을 맞기 위해 국수를 삶기 시작했다. 엄청난 인원의 잔칫상용 먹거리를 준비해야 해서 단순한 국수 삶기에도 회원마다 각자의 역할이 있었다. 여선교회의 회원들은 각자 맡은 역할에 따라 누군가는 국수를 삶고, 또 누구는 국수를 장식했고, 또 서빙 하는 자로서의 제 역할을 감당하면 되었다.

내가 맡은 일은 '국수 삶기'였다. 그날따라 결혼식의 참석 인원이 많아 700인 분에 상당한 국수를 삶아야 했다. 뜨거운 불 앞에서 쉴 틈 없이 국수를 삶느라 너무 덥고 지쳤지만, 그래도 열심히 했다.

　결혼식 잔치가 끝나고 다들 집으로 돌아가는데 나는 갈 수 없었다. 3일 동안 몸을 혹사 하다시피 정말 쉴 새 없이 봉사하다 보니, 국수를 삶느라고 옷이 흠뻑 다 젖어버린 데다 몸도 마음도 완전히 지쳐버린 것이다. 탈진 직전의 몸도 회복할 겸 옷도 말릴 겸 해서 잠시 나사렛 성전으로 가서 의자에 앉았다. 앉자마자 "주님!"하고 부르니 나도 모르게 하소연이 바로 쏟아져 나왔다.

　"주님, 제가요. 3일 동안 결혼식에서 봉사하느라고 몸도 마음도 완전히 지쳐서 집에 갈 기운이 전혀 안 남아 있어요. 국수를 삶느라고 옷도 몽땅 젖어 부끄러워서 도저히 버스를 탈 용기가 안나요. 주님, 저는요, 왜 이렇게 미련한지 모르겠어요. 남들처럼 설거지를 하거나 국수꾸미 담는 일을 했으면 좀더 수월했을 텐데요. 뜨거운 불 앞에서 국수를 삶고 떠주는 일을 맡아서 하다가 이렇게 손바닥이 다 부르터서 쓰라리고 아파요. 아시죠? 주님, 제가 바보 같아서 이렇게 고생하며 살고 있어요. 저에게 지혜를 좀 주세요."

　내가 좀 똑똑했더라면 이렇게 사서 고생은 안 했을 것 같아 서

글픈 생각이 들었다. 주님이 바로 내 눈앞에 계신 것처럼 느껴져서 나는 어린아이처럼 주님께 한참 투정을 부렸다. 순간, 신기한 환상이 눈앞에 펼쳐졌다. 집에 걸려 있던 손바닥만 한 예수님의 성화가 갑자기 내 눈앞에 확 들어왔다. 세상에! 주님이 나에게 오신 것이다!

"집에 계신 주님이 어떻게 여기까지 오셨나요?"

'사랑하는 딸아. 서운해 하지 마라. 어떻게 뜨거운 불 앞에서 국수를 삶은 자와, 국수꾸미 담는 자의 상이 똑같겠느냐? 너의 눈에는 내가 안 보이겠지만 나는 너희들을 다 지켜보고 있단다. 나는 너희 마음의 중심을 일일이 다 지켜보고 있느니라. 내가 지혜 있다고 생각하는 자들을 부끄럽게 할 것이다. 속상해 말거라.'

나는 주님이 우리가 일하는 모습을 다 지켜보고 계셨다는 사실에 너무 놀랐다. 나는 그 위로의 말씀에 서운하고 속상했던 마음이 눈 녹듯이 녹았다. 어느새 나의 입술에는 찬양이 터져 나왔다. 참고로 '꾸미'란, 국수 삶은 것을 그릇에 담았을 때 위에 얹는 고기붙이, 달걀 등의 고명을 말한다.

다음 날은 주일이었다. 그 주일은 내가 속한 여선교회의 식당 봉사 날이었다. 나는 어제 봉사자의 상급에 대하여 주님께 들은 터라 행복한 마음으로 집에서 교회 식당까지 일찍 일어나서 달려갔다. 그러고선 식당봉사를 하려고 식당에 모인 여선교회 회원들을 향하여 "어찌 국수 삶는 자와 국수 꾸미 담는 자의 상이 같겠느냐?"고 한 마디 던진 후에 주님을 만나서 들은 어떤 마음으로 임하느냐에 따라 달라지는 봉사자의 상급에 대하여 이야기를 나누었다. 그러자 웅성웅성 반응이 뜨거웠다.

"나는 왜 주님의 음성이 안 들리지? 왜 못 듣지?"

"김 속장, 이런 이야기를 왜 이제야 들려주는 거야? 진작 알려줬어야지."

내가 들려준 주님의 메시지에 다들 놀란 모양이었다. 그때부터 회원들의 봉사하는 마음 자세가 달라졌다.

"그럼 지금도 주님이 우리를 지켜보고 계시겠구나! 꾀부리지 말고 최선을 다해서 열심히 봉사해야지."

나는 회원들의 긍정적인 반응과 즉각적인 순종에 마음이 뿌듯했다. '피식'하며 왠지 모를 웃음도 나왔다. 하나님께 잘 보이고 싶어 하는 그들의 반응이 어쩐지 어린 아이처럼 순수하게 느껴졌다.

성경을 통해서만 아니라 기도할 때마다 주님의 음성을 들려주셨다. 이 땅에서 믿는 자들이 훗날 천국에서 누리게 될 가장 큰 영광은 '전도의 상'이 최고로 크고 가장 값진 것이라고…….

하나님의 딸, 정희 ●

18
chapter

나의 마지막
가는 날

어느 한날 꿈을 꾸었다. 아주 특별해서 지금까지도 잊히지 않
는 꿈이었다.

내가 살던 집은 어느 시골 마을에 위아래 두 채로 이루어진 사
각 모양의 초가집이었다. 꿈속에서 나는 죽었고 그날은 나의 초
상을 치르는 날이었다. 사람들은 나의 장례를 치르려고 준비가
한참이었다. 집의 안뜰 한쪽에서는 몇몇 사람이 열심히 대화를
나누며 전을 부치고 있었다. 나는 그분들에게 수고가 많다며 인
사했다.

그런데 참으로 이상한 것이 있었다. 그들은 나를 보지도 못하

고 내가 하는 말을 듣지도 못하는 것처럼 반응하는 것이 아닌가. 기분이 묘했다. 무언가 이상하다 싶었지만 그냥 그런가보다 하고 다른 곳으로 이동했다. 거기에서 사람들은 집 안의 이쪽저쪽에 자리 잡고 누구는 밥을 하고, 누구는 떡을 만들고, 또 누군가는 떡방아를 찧고 있었다. 남자들은 여기저기서 장례에 필요한 것들을 준비하고 있었다.

나는 다시 그들에게 "고맙다", "수고한다"고 일일이 다니며 인사했지만, 그들은 모두 같은 반응을 보였다. 하나 같이 여전히 나를 정말로 유령 취급했다.

'어, 왜 다들 나를 못 본 척 하는 거지? 설마 내가 안 보이는 건가? 왜 내가 보이지 않을까? 왜 내가 하는 소리를 듣지도 못할까?'

그때서야 나는 '아, 내가 죽었구나!'하고 나 자신이 죽은 것을 실감했다. 나의 혼은 살아 있음을 느꼈지만 남들이 보기에는 나의 육은 이미 죽어 있었던 모양이다. 다시 말해 나는 더이상 세상 사람이 아니었던 것이다.

마지막으로 안방으로 가봐야 되겠다 싶어 들어갔다. 여러 사람이 둘러앉아 내가 입을 수의를 만드느라 정신이 없었다. 이때도 역시 "정말 고맙습니다. 감사합니다."하고 인사했지만, 사람들의 반응은 역시 같았다. 그쯤 되자 사람들에게 나의 정체를 알리려던 대화를 포기하고, 어차피 내 옷이니 그들이 만들고 있던 옷을 집어 들어 입어보았다. 신기하게도 옷이 딱 맞아 기뻤다.

그때였다. 여태 내가 하는 행동을 곁에서 묵묵히 바라만 보시던 예수님이 갑자기 "이제 네 무덤으로 가자"고 하셨다. 나는 예수님의 손을 잡고 내가 묻혀야 할 이 땅의 무덤을 향해 출발했다. 설령 내가 죽었을지언정 그때까지만 해도 예수님과 함께 있어서 평안하고 행복했다. 아마도 내가 이미 죽은 뒤이니 예수님을 따라 천국에 들어갈 생각에 그런 것 같았다. 그런데 어찌된 일일까? 나의 무덤이 집 옆이 아니라, 1㎞쯤 떨어진 야산동산에 있는 것이 아닌가. 얼마나 함께 갔을까. 나는 함께 무덤으로 향하는 도중에 예수님께 물었다.

"예수님, 남편이랑 제 딸들은 어디에 있나요?"

예수님은 나의 가족이 예수님과 나의 뒤쪽에 모두 따라오고 있다고 알려주셨다. 뒤돌아보니 남편과 딸들이 검정 상복(喪服)을 입고 울면서 따라오고 있었다. 뒤이어 성도들이 찬송을 부르며 따랐다. 나는 울면서 예수님께 말했다.

"남편과 딸들이 아직 믿음이 없는데 걱정이 돼요."

"걱정마라. 남편과 딸들은 믿음이 잘 자라고 있단다."

잠시 후 무덤에 도착했다. 관이 들어갈 만한 크기로 땅이 파여 있었고, 그 땅의 바로 옆에는 내가 들어갈 나무 관의 뚜껑이 열린 채 놓여 있었다. 예수님은 나를 향해 이제 관에 들어가라고 하셨다. 순종하여 관에 들어가 누웠다. 어쩌면 그렇게 내 체구에 딱 맞게 관을 짰는지 너무 신기했다. 드디어 관 뚜껑을 덮으려는 순간 나는 울며불며 예수님께 부르짖었다.

"예수님, 살려주세요! 저 지금 죽으면 안돼요. 할 일이 많아요. 딸들이 너무 어리구요. 남편의 믿음도 어려요. 지금 죽으면 안돼요!"

순간 내 몸이 나도 모르게 관 밖으로 나와 서 있는 것이 아닌가. 관의 안 쪽을 들여다 보니, 관 속을 가득 채운 맑은 샘물이 축구공만한 물바가지와 함께 파도를 치며 뱅글뱅글 돌고 있었다.

그 모습이 너무 신기해서 우두커니 서 있는데 예수님께서 말씀하셨다.

"그 관 속에 있는 물바가지를 꺼내서 읽어 보거라."

꺼내어 읽어보니 '천지창조'에 대한 창세기 말씀이 빼곡히 적혀 있었다. 나는 그 말씀을 읽고 또 읽으며, "하나님, 살려주셔서 감사합니다. 하나님의 말씀대로 열심히 살겠습니다."하고 하나님께 감사의 말씀을 올렸다.

아 다행이 꿈이였다! 꿈이지만 너무 생생했다. 그 후로 나는,

하나님께 마지막으로 "하나님의 말씀대로 열심히 살겠습니다."라고 약속한 대로 예수님을 전하는 전도자로서 더욱더 열심을 내었다. 꿈속에서 보여주신 말씀의 물바가지는 열심히 복음을 전하겠다는 하나님께 대한 나의 약속이었다. 남이 시켜서가 아닌 영혼 구원의 막중한 책임감으로 복음을 전하게 되었다. 그렇게 해서 나는 지금도 하나님과의 약속을 지키기 위해 내 삶의 많은 시간을 전도에 매달리고 있다. 그 꿈은 하늘에 많은 상급을 쌓게 하시려는 하나님의 크신 계획이라 믿는다.

하나님은 영혼 구원을 위해 언제, 어디서, 어떻게
역사 하실지 모르기 때문에 항상 깨어 기도함으로 준비해야 한다.
하나님이 예정하신 그때 추수할 곡식을 주님이 만나게 해주시면
상대방이 무당이고 강도이고 가릴 것 없이 전하면, 역사는 주님이 하신다.
우리가 실수하고 착각하는 사실은,
전도하는 과정에서 우리의 생각대로 전도하려 하고,
전도대상자 또한 내가 고르려 든다는 사실이다.
그러나 하나님의 생각(뜻)은 사람의 생각(뜻)과 다르기 때문에,
전도하더라도 내 생각을 버려야 한다.

말씀의 반석 위에 서서
복음의 군사가 되다

전도의 첫 열매,
핫도그 아줌마 금자씨

하나님을 섬길 것인가, 바알을 섬길 것인가? 믿음을 지키기 위한 영적 싸움은 삶 가운데 매일 계속되었다. 나는 첫 믿음을 놓지 않기 위해 간절하게 믿음 생활을 했다.

어느 날, 30세가 갓 넘어 보이는 젊은 여자가 우리 집에 방문했다. 돌아보니 하나님이 나에게 보내신 선물이요, 예수님이요, 천사였다. 그녀는 왜 우리 집에 찾아온 것일까.

"일하러 간다고 나간 남편이 인천에서 살고 있다는 소식을 들었어요. 그래서 멀리 진주에서 이곳까지 찾아왔는데……." 어찌어찌 해서 어렵사리 남편을 찾았는데, 보자마자 남편이 당장 집으로 돌아가라며 쫓아내더란다. 어쩌다가 남편은 아내를 버린 것일까? 그녀는 계속 말을 이어 나갔다. 너무 서운하고 서러워 물에 빠져 죽으려고 인천의 영종도에 갔지만, 막상 죽지도 못하고 당장 갈 곳도 없고 해서 헤매다가 자신도 모르게 우리 집까지 왔다고 했다. 우리의 삶 가운데 우연은 없다. 모든 것은 하나님의 계획하심 속에 있다. 그녀는 우리 집까지 인도된 것이었다.

짐작대로 여자는 빈 방이 있으면 며칠만 묵게 해달라고 했다. 사정은 딱했지만 우리 집은 작고 내줄 방도 없었다. 나는 여관을 가보라며 그녀를 다독여 보냈다.

잠시 후, 여자는 다시 찾아와 사정사정했다. 자기가 며칠만 우리 아이들과 같이 지내면 안 되겠느냐, 다락방이라도 있으면 그곳에 있게 해달라며 나를 붙들고 울었다. 낯선 사람을 어떻게 아이들 방에 들이랴. 그렇다고 다락방도 내키지 않았다. 다락은 우리 부부가 사는 안방을 통해 올라 다녀야 했다. 재차 거절했지만 막무가내였다. 짠하기도 하고 오죽하면 이럴까 싶어 남편에게 물어보지도 못한 채 허락하고 말았다.

퇴근해서 집에 온 남편에게 나는 여차저차해서 그 여자를 집에서 재워주기로 했노라고 자초지종을 설명했다. 뜻밖에도 남편은 순순히 허락했다. 그렇게 해서 그 낯선 젊은 여자와의 동거가 시작되었다.

한 집에 지내다 보니 여자와 대화할 기회가 많아 나는 여자가 하는 이런저런 이야기들을 들어주었다. 여자는 진주 시외터미널에서 버스 칸을 이용해 핫도그 장사를 하던 사람이었다. 인천에서도 장사해보겠다며 리어카를 사서 집 앞의 시장에서 핫도그와 떡볶이를 팔았는데, 가을이라 날씨가 좋아 더 잘 팔렸다.

그녀를 전도해야 한다는 부담감이 날이 갈수록 밀려들었다. 예수를 믿는다고 하면서 그동안 한 영혼도 전도 못한 것이 늘 마음에 걸리고, 하나님께 죄송했다. 이것이 전도의 기회인가 싶어 나는 여자를 기꺼이 재워주고, 밥 해주고, 장사 또한 열심히 도왔다. 벌써 몇 달 째 전도해야겠다는 마음이 굴뚝같았지만, 입이 안 떨어졌다.

그런데 어느 토요일이었다. 기다렸다는 듯이 전주 댁은 나에게 "내일은 나도 교회에 데리고 가주세요."라고 말하는 것이 아닌가.

나는 얼씨구나 싶어 주일 아침 일찍 내 옷 중에 예쁜 것을 골라 전주 댁에게 입혀주고 함께 교회로 향했다. 그렇게 나는 난생처음 전도라는 걸 했다. 전주 댁이 참석한 첫 예배일의 설교 중에 이복희 목사님은 우리 교회가 너무 낡아 건축을 해야 하니 성전건축에 동참해 달라고 하셨다. 그런데 세상에! 금자 씨의 신앙의 여정은 처음부터 뜨거웠다. 목사님의 말씀이 채 끝나기도 전

하나님의 딸, 정희 ●

에 이 갓 낳은 믿음의 자매 정금자 씨가 건축헌금을 드리는 것이 아닌가. 그녀는 아무 망설임 없이 목에 걸고 있던 결혼 목걸이를 풀어 감사헌금 봉투에 담아 헌금 바구니에 넣었다. 그런 금자 씨에게서 하나님의 일하심을 보며 나는 울컥하여 눈물을 흘리며 설교를 들었다. 아, 하나님이 일하고 계시는구나! 스스로 교회에 오고 싶은 마음도 주시고, 첫 예배에 하나님 나라를 위해 자신에게서 소중한 것을 감사함으로 드리게 하시는구나. 전혀 예상치 못한 금자 씨의 행동에 나는 믿음생활에 도전받고 참으로 감사했다. 앞으로 금자 씨가 어떤 믿음의 길을 걸어가게 될 지도 무척 궁금하고 기대 되었다.

그 뒤로도 내가 기대한 대로 금자 씨는 새벽기도며 저녁예배, 철야기도 등 변함없이 교회에서 하는 모든 예배에 참석하며 주님께 충성했다. 성령 충만하여 믿음 생활에 열심이더니 핫도그 장사는 대충하고, 아주 성경을 끼고 살았다. 이제는 날마다 눈만 뜨면 전도하러 가자고 해서 오히려 내가 금자 씨를 따라다녔다. 금자 씨는 전도도 참 잘했다. 하던 일이 장사꾼이여서 그런지 조금도 쑥스러워하지 않고 어쩌면 그리도 가슴에 콱콱 박히게 복음을 전하는지, 전도 현장까지 성경을 들고 가서 누구를 만나든 담대하게 자기가 만난 예수님을 잘도 증거 했다. 때를 얻든지 못

얼른지 집집마다 들어가서 성경의 요한 계시록 부분을 펼쳐놓고 복음을 전하는 모습이 참으로 귀했다.

천하보다 귀한 한 영혼

해가 바뀌고 봄이 왔다. 금자 씨는 믿음생활을 하는 과정에서 무엇을 하든지 속도가 정말 빨랐다. 무슨 일 때문인지는 몰라도 3일 금식기도를 작정하더니 그날로 물도 안 마실 정도였다. 정확히 3일 후, 그녀는 주섬주섬 보따리를 싸더니 진주로 돌아갔다. 그곳에 가서 시어머니와 자녀, 형제 등 가족을 모두 전도해야겠다는 것이 그 이유였다. 기도 중에 아마도 가족을 전도하라는 음성을 들었던 모양이다.

금자 씨는 진주에 가자마자 교회에 등록하고 다시 핫도그 장사를 시작했다. 생계유지만 되었어도 온 종일 전도만 했을 금자 씨였다. 전도에 열심인 금자 씨를 귀하게 보시고 하나님께서 지혜를 주셨는지, 그녀는 매주 토요일 초등학교 정문 앞에서 일명 '핫도그 전도'를 했다. 리어카를 끌고 가서 핫도그 수백 개를 미리 구워둔 다음 하교 시간에 우르르 몰려나오는 아이들에게 핫도그를 공짜로 나누어 주었다. 그러고는 그 아이들에게 주일에 학교 정문 앞에서 만나자고 해서 아이들을 교회로 데리고 갔다. 그것이 핫도그 장사 금자 씨의 전도방법이었다.

그렇게 해서 전도한 아이들의 숫자가 한 달 만에 무려 50명이나 되었다. 평생 50명을 전도하기도 쉽지 않은데 정말 놀랍고 부럽고 귀했다. 그런 금자 씨를 하나님께서 그냥 놔두실 리가 없다. 아이들을 전도하는 모습을 눈여겨본 진주 교회의 담임목사님이 금자 씨를 주일학교 교사로 임명하여, 금자 씨는 그 뒤로도 수많은 아이를 전도했다. 목사님의 권면으로 이후 신학을 공부하여 전도사가 되었고, 지금까지도 변함없이 전도에 자기가 가진 전부와 생명을 걸었다. 살던 집을 팔아 교회 건축헌금으로 드리고, 돈이 생기는 족족 모두 성경을 사서 들고 병원에 찾아가 의사들에게 편지와 함께 성경을 주며 전도했다. 세상에 그런 귀한 전도자가 몇이나 있을까 싶게 정말 자나 깨나 오직 전도밖에 모른다. 그 열심으로 얼마 전에는 편지와 함께 성경을 문재인 대통령에게 보냈다고 한다.

　천하보다 귀한 한 영혼을 구원시켰더니 이렇게 많은 열매를 맺는 것을 보면 거룩하신 하나님의 역사는 아무도 짐작할 수가 없다. 나이 일흔이 되었는데도 걸을 수 있을 때 열심히 복음을 전해야 한다며, 금자 씨는 오늘은 이곳 내일은 저곳으로 다니며 복음 전하는 일만큼은 쉬지 않을 것이라고 했다. 그런 금자 씨를 하나님이 앞으로도 얼마나 귀하게 사용하실까.

칼부림 끝에 전도한
셋방 아기 엄마

교회에 다닌 지 1년 무렵, 우리 가정은 전부터 조금씩 모아둔 돈으로 15평 주택을 마련해 살고 있었다. 건너편의 작은방은 세를 주어 3개월짜리 아이를 둔, 젊은 아기 엄마가 살았다.

하루는 아기 엄마가 "아줌마, 세금이 왜 이렇게 많이 나와요?" 하며 나에게 다짜고짜 화를 내었다. 삶의 철학까지는 아니어도 나는 예수님을 믿기 전부터 정직을 첫째로 손꼽던 사람이었다. 나는 두 집의 세금을 공평하게 분배했다고 당당하게 말했다. 아기 엄마의 반응은 예상보다 너무 거칠었다. 뭐가 공평하느냐고 씩씩거리며 잔뜩 화를 내더니 "교회에 다닌다는 년이, 세금을 많이 받아 이 집을 사셨구먼. 그런 식으로 살려면 교회도 다니지 마세요!"하고 고함을 지르더니 대문에 붙여놓은 교회의 이름이 적힌 교패를 손으로 뜯어 버리는 것이 아닌가.

나도 억울하고 화가 나서 그동안 차곡차곡 모아둔 1년 치 세금 영수증을 모조리 꺼내 들고 증거자료로 들이밀었다.

"봐라, 아기 엄마. 이래도 내가 공평하게 안 나눈 거냐?"

나는 아기 엄마와의 시비가 그렇게 일단락되는 줄로만 알았다. 다음날, 마른 하늘에 날벼락이 떨어졌다. 시장에 다녀온 나에게 집에 있던 남편이 숨넘어갈 듯 다급한 말로, 얼른 다른 곳으로 피하라며 나를 집 밖으로 밀어냈다. 나는 영문도 모른 채 그 길로 한걸음에 교회로 뛰어갔다.

아마도 전날의 세금 문제가 다시 불거진 것이 아닌가 짐작 되었다. 시간이 얼마나 지났을까. 내가 집 근처에 도착했을 때 남편은 손에 붕대를 감고 있었다. 내가 집을 비운 사이에 무슨 난리가 난 것일까. 남편은 나에게 자초지종을 말해 주었다.

아기 엄마가 집 마당에서 나를 죽이겠다며 '당장 나오라'고 고래고래 소리 지르기에, 남편이 슬며시 방문을 열고 나가 보니 손에 식칼을 든 채 아기 엄마가 방문 앞에 서 있었다. 집주인 여자는 어디에 있느냐며 나를 찾기에 우리 남편이 놀라서 칼 놓고 말로 하라며 말려도 소용이 없었다. 이러다가 정말 큰일 나겠다 싶어 아기 엄마의 손에 들려 있던 칼을 뺏으려다가 남편은 그만 손바닥을 베이고 말았다. 나 대신에 다친 남편에게 미안하고 고맙고 남편이 걱정되었다. 다행히 칼은 빼앗아서 감추어 두었다고 하는데 아기 엄마는 나를 정말 죽일 작정이었던 걸까. 만일 내가 그날 그 시간에 집에 있었더라면 무슨 일이 벌어졌을까. 생각만 해도 정말 아찔하고 살이 벌벌 떨렸다. 오늘은 운이 좋아(?) 어찌어찌 피했다고는 하지만, 옆방에 있으니 맨날 볼 텐데 앞으로 어떻게 살아야 할까. 두려워서 정말 별별 생각이 다 드는 걸 뒤로하고, 후들거리는 다리를 끌고 교회로 갔다.

예배당의 기도실에서 울면서 하나님께 하소연 겸 걱정거리를 털어놓았다.

"하나님, 저 이제 어떻게 해요? 옆방 아기 엄마가 무서워서 어떻게 살아요? 무서워서 이사 가라는 말도 못 꺼내겠어요. 주님, 이제 저는 어찌하면 좋겠습니까! 저 좀 도와주세요. 아무리 생각해도 무리한 세금을 내라고 한 적이 없는 것 같은데, 제가 뭘 잘못했나요? 정말로 모르겠어요. 잘못한 게 있다면 생각나게 해주세요. 일단 주님께 용서를 구합니다. 저를 용서하시고, 옆방 아기 엄마의 마음을 잠잠하게 해주세요. 다시는 그런 끔찍한 일이 벌어지지 않도록 역사하여 주시옵소서……."

회개 기도로 마음을 달래자 어느 정도 마음이 가라앉았다. 하지만 집 앞에 오니 다시 두려웠다. 하는 수 없이 나는 날마다 아침만 먹고 부리나케 교회로 피난을 갔다.

열병을 고쳐주신 하나님

보름 정도 지났을까. 모두 잠든 한밤중에 갑자기 아기 엄마가 방문 앞에서 작은 목소리로 "아줌마"하고 불렀다. 나는 소스라치게 놀라 잠에서 깼다. 칼이라도 들고 있으면 어쩌나 싶어 창호지로 된 방문에 침을 발라 손톱만한 구멍을 뚫어 밖을 내다보았다. 다행히 아기 엄마의 손에는 아무것도 들려 있지 않았다. 나는 조심스럽게 방문을 열었다. 그녀는 아주 불쌍한 표정으로 서서 자기의 사정을 이야기했다.

"우리 아들 몸이 불덩이에요. 병원에 갈 수도 없고 우리 아들이 죽을 것 같아요."하면서 엉엉 울더니 나에게 기도를 부탁했다. 나는 그때까지 누구를 붙들고 기도해본 적 없는 초신자여서 걱정 되었지만, 오죽하면 이 늦은 시각에 나에게 찾아와 이런 부탁을 하겠는가 싶어 셋방으로 따라 들어가 그 어린 아기를 안고 눈물 흘리며 마음 속으로 기도했다.

'하나님 이 아기를 살려주세요. 아기 엄마가 하나님이 살아 계신 것을 경험하게 해주세요.'

잠시 후 아기 몸에서 열이 점점 떨어지는가 싶더니 아기가 곧히 잠이 들었다. 나는 아기를 방바닥에 눕혀놓고 우리 방으로 돌아와 아기에게 아무 일이 없도록 해주시고 아기와 아기 아빠와 엄마가 모두 구원을 받게 해달고 밤새 기도했다.

다음 날 아침 아기 엄마가 다시 나를 찾아와 "아줌마! 우리 아기가 건강해졌어요. 고맙습니다!" 하면서 나에게 연신 감사 인사를 하는 것이 아닌가. 나는 하나님께 너무 감사해서 아기 엄마에게 이렇게 고백했다.

"아기 엄마, 내가 낳게 한 것이 아니라 하나님이 하신 거야. 하나님께 감사해야 해."

아기의 열병 사건을 통해 끔찍할 뻔 했던 셋방 아기 엄마와의 사건은 한순간에 눈 녹듯이 모두 정리되었고, 자연스럽게 화해가 되었다. 그 순간, 앞으로는 그 전처럼 두 다리 쭉 뻗고 살겠구나 싶으니 그렇게 좋을 수 없었다.

며칠 후 더 놀라운 사건이 벌어졌다. 아기 엄마가 나에게 교회에 데리고 가달라는 것이 아닌가. 마침내 하나님은 나의 기도를 들어주셨다! 사실 나는 그동안 셋방 여자의 구원을 위해 날마다 기도해오던 중이었다. 어린 세입자가 욕을 하면서 나를 죽인다고 했을 때 인간적으로는 미운 마음이 생길 수도 있었지만, 저렇게 예수님을 안 믿다가는 지옥에 갈 텐데 하고 생각하니 아기 엄마가 왜 그리 불쌍하게 느껴지던지…….

주일이 돌아오자 아기와 아기 엄마를 내리교회에 새신자로 등록시키고, 이후로는 셋이 함께 교회에 다녔다. 칼을 들고 전에 난동을 부린 것이 마음에 걸렸던지 하루는 셋방 여자가 "아줌마 용서해 주세요. 제가 잘못했습니다."라며 뒤늦게 나에게 정식으로 용서를 구했다. 사실 나는 아기가 아팠던 그날 이미 당신을 용서해서 그때 벌써 다 잊었노라고 연거푸 말해주었다. 그렇게 입술로 선포하자 미운 마음이 정말 깨끗이 사라졌다.

아기의 열병을 위해 기도부탁을 받기 전까지만 해도 나는 기도가 무엇인지, 어떻게 하는지 몰랐고, 제대로 기도생활을 하지도 않았었다. 만일 우리가 전도하려고 마음먹고 쉬지 않고 기도하면, 언젠가 하나님의 때가 되면 하나님은 어떠한 방법으로든 구원을 위해 역사하신다. 나는 이 소중한 사실을 셋방 아기 엄마와의 사건을 통해 톡톡히 깨달았다.

스님에게 실망한
큰어머니를 예수님께로

중앙시장에서 장사를 하시던 큰어머니는 철저한 불교 신자로 석바위에 있는 큰 절에 열심히 다니셨다. 그 절의 스님은 이틀이 멀다 하고 큰어머니의 가게로 시주받으러 오고는 했다.

스님은 어느 날에 찾아와서는 큰어머니에게 이상한 소리를 했다. 큰어머니의 아들에게 문제가 있다는 것이다. 일찍이 과부가 되어 홀로 뒷바라지 하며 당당히 서울대학교까지 졸업시킨 아들이어서 큰어머니에게 아들은 신과 같은 존재였다. 그 아들을 뒷바라지하려고 떡과 사탕을 머리에 이고 다니며 장사하는 것도 마다하지 않던 큰 어머니에게, 그것은 청천벽력과도 같은 말이었다. 당시 아들은 대학 졸업 후 서울 시청에 근무하며 번

돈으로 개인 사업을 시작하여 승승장구하고 있었다. 게다가 주말이면 찾아와 어머님을 기쁘게 해드리던 효자여서 큰어머니는 이웃 사람들의 부러움을 샀다.

그런 아들에게 문제라니, 무슨 문제일까. 스님은 큰어머니에게 아들의 명이 짧아 오래 살 수가 없다며 억장이 무너지는 소리를 했다. 깜짝 놀라 당황하는 큰어머니에게 스님은 한 가지 별난 방도를 알려주었다. 큰 종을 절의 마당에 매달고 '땡그랑 땡그랑' 종을 울리면 아들이 오래오래 살 수 있다는 것이다. 참으로 의아했지만 사랑하는 아들을 살릴 수만 있다면 못할 것이 무엇인가. 그렇게 큰어머니는 이미 스님의 말에 매어버렸다.

스님의 말에 노예가 된 큰어머니는 있는 돈 없는 돈을 모조리 끌어 모아, 스님이 시킨 대로 큰 종을 절의 마당에 매달아 두었다. 그렇게 지성으로 종을 울릴 지 한 달 쯤 된 어느 일요일 점심, 아들이 배가 아프다고 해서 부리나케 큰 병원의 응급실로 달려갔다. 하지만 허무하게도 아들은 치료 한 번 받지 못하고 세상을 떠났다. 아들의 사망 소식을 들은 큰어머니는 결국 기절하시고 말았다. 기가 막혀 이후로 말도 못 하시고 날마다 누워계셨다.

찾아뵙고 무슨 말로 어떻게 위로해드려야 할까? 나는 말문이 막혀 기도했다. 내가 예수님을 믿은 지 5년이 될 무렵이었다. 언젠가는 큰어머니에게 예수님을 전하리라고 마음먹었지만, 워낙

독실한 불자여서 엄두를 못 내고 날마다 시간을 정해놓고 큰어머니가 예수님을 믿고 천국에 가게 해달라고 기도만 하고 있었는데, 이런 가슴 아픈 일이 생기다니….

상심한 큰어머니를 위해 밤마다 찾아가 기도하다

혹, 지금이 큰어머니를 전도할 기회가 아닐까 하여 용기를 내어 낮에 찾아갔다. 그러나 큰어머니를 위로한다고 찾아오신 동네 할머니들로 방 안이 꽉 차서 결국 집안으로 한 걸음도 들이지 못하고, 문 앞에서 인사만 드리고 돌아와야 했다. 헛걸음해야 했지만, 사람들로 북적인 것은 큰어머니를 생각하면 참으로 다행이었다.

다음날도 나는 다시 큰어머니 댁을 찾아갔지만 그날도 방문자가 많아 그냥 나왔다. 왜 전도할 기회가 주어지지 않을까 싶어 교회로 가서 하나님께 기도했다.

"하나님, 어떻게 하면 좋겠습니까? 큰어머니를 전도해야 하는데, 이틀이나 찾아갔지만 사람이 많아 말 한마디도 못 꺼내보고 그냥 왔습니다. 어쩌면 좋습니까?"

그랬더니 주님의 음성이 들렸다.

"대낮에 가지 말고, 밤 10시에 가거라. 그때는 혼자 계신다."

하나님의 딸, 정희 •

다음날, 나는 주님의 말씀에 순종해 다시 큰어머니를 방문했다. 인적이 드문 밤 10시였다. 주님이 나에게 말씀해주신 바로 그 시각에 댁에 갔더니, 정말 일하는 아주머니와 큰어머니 두 분만 계셨다. '오늘은 정말 복음을 전할 수 있겠구나.' 나는 하나님께서 함께 해주실 것을 믿었다.

큰 어머니는 이 밤중에 또 왔느냐며 반가워 하셨지만, 드신 것이 없어 몸을 일으킬 여력도 없으셨다. 나는 용기 내어 그동안 그토록 하고 싶었던 말을 꺼냈다. "큰어머니, 제가 앞으로 열흘 동안 와서 속으로 하나님께 기도해드리고 가도 될까요?" 놀랍게도 큰어머니는 마음대로 하라고 하셔서, 그날은 속으로만 기도하고 인사를 드리고 나왔다.

그런 다음 나는 날마다 교회에 가서 이번 기회에 우리 큰어머니를 구원받게 해달라고 간절히 기도하고 나서, 큰어머니를 밤마다 찾아갔다. 하루도 거르지 않고 방문하는 조카딸을 보자 큰어머니는 제법 반가워하셨다. 어릴 때부터 나를 예뻐해주셨던 큰어머니는 거진 나를 키워주신 내게는 특별한 분이었다.

며칠이 지났다. 그날은, "큰어머니 제가 찬송가 한번 부르고 기도해도 될까요?"하고 여쭈었더니 네 마음대로 하라고 하셔서 나만 혼자 찬송을 불렀다. 가슴에 손을 얹고 기도해드렸더니 큰어머니는 배에도 얹고 기도해달라고 하셨다. 내가 가서 기도해

드린 것을 많이 좋아하시는 눈치였다. 그날은 처음으로 큰어머니가 듣도록 '소리를 내어' 기도하고 돌아왔다.

그렇게 큰어머니 댁을 방문한 지 열흘째 되는 토요일이었다. 그날도 찬송을 부르고 기도를 마쳤는데, 이게 꿈인지 생시인지!

"정희야, 내일이 일요일인데 너를 따라 교회에 가봐야겠다."

"그럼 절에는 안 가시려고요?"

혹시 이번 한 차례만 교회에 가시면 어쩌나 싶어 여쭈어본 것이었다. 그러자 큰어머니는 절이며 스님한테 너무 실망했다면서, 앞으로는 절에 '안 가겠다'는 것이다! 할렐루야. 그 참에 쐐기를 박아야겠다 싶어 교회로 달려가 큰어머니가 완전히 예수님께로 돌아서도록 밤새 기도했다. 큰어머니의 영혼 구원을 위해…….

주일 아침이 밝자 마음이 아주 바빴다. 평소보다 일찍 집에서 출발해 설렘과 약간의 걱정을 안고 큰어머니 댁으로 향했다. 큰어머니는 벌써 준비를 다 하시고 나를 기다리고 계셨다. 그 모습에 가슴이 벅차 눈물이 날 뻔한 걸 애써 참았다.

너무 기쁜 나머지 창피한 줄도 모르고 찬양을 하며, 큰어머니를 모시고 내리교회로 달려가서 함께 예배를 드리고 무사히 새신자 등록까지 마쳤다. 그 이후로 큰어머니는 열심히 교회 생활을 하셨다. 집사님이 되시고, 85세까지 건강하게 사시다가 어느 주일에 11시 예배를 마치고 집으로 돌아가시는 길에 건널목에서 차에 치여 교통사고로 그 자리에서 세상을 떠나셨다. 응급실에 갔지만 이미 돌아가신 후였다. 큰어머니의 유품이 된 가방에는 성경책과 함께 내리교회 주보가 들어있었다. 나는 큰집 자녀들로부터 기독교식 장례를 위임받아 큰어머니의 장례를 치르며 하나님의 인도하심에 감사를 드렸다. 큰어머니의 영혼 구원도 너무 감사한데 나를 하나님 나라 복음의 통로로 사용해주셨다는 사실에 기쁨의 눈물이 흘러 나왔다.

탕자 남편의
극적인 회심

나의 간절한 기도에도 남편은 변함없이 술과 도박에 취해 살았다. 아무리 생각해도 장로는커녕, 주일예배나마 온전히 지키면 다행이었다. 나의 눈에 남편은 여전히 탕자였다. 그러나 그것은 어디까지나 나의 생각일 뿐이었다. 도무지 믿기지 않았지만, 하나님께서는 남편을 교회의 장로가 되게 하실 것이라고 나에게 말씀하셨다.

나는 이런 하나님의 말씀에 의지하여 남편이 믿음을 갖게 해달라고, 예수님을 잘 믿고 교회에서 일꾼이 되게 해달라는 내용으로 기도하기 시작했다. 밤이면 밤마다 교회로 가서 하루에 3시간씩, 3년 작정으로 부르짖었다. 이대로는 안 되겠다 싶어 어느 날부터는 예배당이 아닌 산 기도를 하러 갔다. 남편의 못된 버릇은 성령을 받지 않고서는 절대로 고칠 수 없다는 생각이 들어서였다. 산 기도는 남편의 구원을 향한 나의 간절한 마음이 담긴 것이었다.

나는 기도 장소를 부평 공동묘지로 정하고, 기도하러 캄캄한 한밤중에 묘지의 산꼭대기로 올라갔다. 공동묘지까지는 별 탈 없이 잘 갔는데, 문제는 그다음이었다. 기도하려고 막상 앉고 보니, 눈에 들어오는 것이라고는 온갖 비석들뿐이었다. 아, 이곳이 공동묘지였지! 살아있는 사람이라고는 나밖에 없다는 생각이 현실로 느껴지자 갑자기 두려움이 엄습해오면서 등골이 오싹했다.

갑자기 무슨 일일까? 한순간 무덤 앞의 그 많은 비석이 모두 귀신으로 보이더니 춤을 출 것 마냥 움직이다가 나를 죽이겠다며 떼로 달려들었다. 무섭고 당황하여 나도 모르게 두 손 번쩍 들고 벌떡 일어나 "주여!"하고 소리쳤다. 그다음이 더 놀라웠다. 그 귀신 모두를 일망타진할 수 있을 것 같은 힘이 나의 두 팔에 실리는 것이 아닌가. 그때서야 나는 담대하게 다시 기도했다.

"하나님…. 제발, 우리 남편 좀 살려주세요. 남편이 다른 사람이 되게 해주세요. 불쌍히 여겨 주세요. 마귀에게 끌려 다니는 남편을 구원해 주세요."

그렇게 공동묘지에서 기도하며 귀신들과 싸운 며칠의 전투 끝에 나는 산에서 내려왔다. 남편을 놓고 기도를 시작한지, 꼬박 1년이 지난 때였다.

어느덧 남편의 여름휴가 일이 다가오고 있었다. 오산리 금식기도원에 남편도 함께 가게 해달라고 기도하던 중에, 휴가 전날이 되어서야 남편에게 내일 함께 기도원에 가자고 말을 꺼냈지만 딱 부러지게 거절당했다. "멀쩡한 사람이 왜 기도원을 가야 하느냐", "기도원은 환자들이 병 고치러 가는 곳이 아니냐"며 그렇게 가고 싶거든 혼자 다녀오라고 핀잔을 주었다. 전혀 틈을 주지 않았지만 나는 포기하지 않고 꼭 같이 가게 해달라며 밤새 기도했다.

기도원까지 내 짐만 들어주세요

아침이 밝았다. 또다시 나는 남편에게 기도원에 가자는 말을 했는데, 이번에는 지혜롭고 정중하게 부탁했다.

"그렇게 가기 싫으면 나 혼자 갈게요. 대신 한 가지 부탁이 있어요. 처음이자 마지막 부탁이라 생각하고 기도원까지 짐만 들어주세요. 짐이 많아서 들고 가기 어려워서 그래요."

그랬더니 남편의 반응은 뜻밖이었다. "그 정도야 할 수 있지!"라고 하며 순순히 짐 보따리를 들고 따라나서는 것이 아닌가. 그것만으로도 얼마나 감사한지.

나는 기도원으로 가는 내내 전철과 버스 속에서 계속 속으로 기도했다. 남편이 짐만 들어주고 돌아가지 않게 하시되, 남편이 기도원에서 예배드리는 중에 은혜 받게 해달라고. 드디어 오산리금식기도원에 도착했다. 나는 남편에게 들으란 듯이 좋은 말로 말했다. "나는 여기서 3일을 금식기도 할 테니 집으로 가시든지, 나와 함께 기도원에 있든지 알아서 하세요." 남편은 아무 대답이 없었다.

예배시간이 되었다. 세상에! 어느새 남편이 옆자리에 떡 하니 와서 앉아 있는 것이 아닌가! 너무 놀랍고 반가웠지만 남편에게 왜 집에 안 갔느냐고 묻지는 않았다. 남편 모르게 남편의 눈치를 살살 살피며 아무렇지 않은 듯이 잠잠히 예배를 드렸다. 남편도 나와 함께 예배를 드리는 것 같았다. 그런데 어디로 가는 건지 남편은 예배가 끝나면 말없이 사라졌다가 예배시간만 되면 나타나 슬그머니 내 옆에 앉았다.

벌써 집회 이틀째였다. 나는 저녁 집회를 마치고 남편에게 말했다.

"기도 동산에 가서 기도 좀 하려고 하는데, 같이 가지 않을래요?"

기도동산에서 나는 다시 남편에게 "여기, 의자에 앉아 있으세요. 나는 기도 굴을 찾아서 기도하고 올 테니까." 하고 헤어졌다.

기도 굴로 간 나는 한참을 기도했다. 얼마나 지났을까, 남편이 내가 있는 기도 굴로 찾아왔다. 남편은 기도 굴을 평생 한 번도 본 적이 없어서 기도 굴을 모두 무덤으로 오해하고, 기도원 안에서 빙빙 돌며 나를 찾아 헤맨 모양이었다. 기도 굴은 위에서 보면 무덤으로 보이고, 아래에서 올려다 보면 무덤마다 웬 문이 하나씩 있을까 의아할 법도 했다. 알고 보니 남편은 아무리 기다려도 내가 나타나지 않자 불길한 생각이 들어 나를 찾아 나선 것이었다.

그 다음 이야기가 더 흥미로웠다. 아니, 감격했다. 남편이 기도 굴 근처까지는 어찌어찌 와서 기도 동산을 헤매는데, 무덤 어디선가 내 목소리가 들리더란다. 궁금해서 귀를 대고 들었더니 내가 "주여 주여" 하면서 남편을 살려달라고 예수님 잘 믿고 함께 천국에 가게 해달라고, 울며불며 부르짖어 기도하더라는 것이다. 그런데 남편이 나의 방언을 어떻게 알아들었을까?

나는 한국말이 아니라, 천국의 언어인 '방언'으로 애타게 기도하고 있었다. 그런데 남편이 나의 방언을 그대로 알아 듣다니! 남편 말로는 남편은 분명 내 기도 소리가 한국어로 들렸다고 했다. 그것은 성령의 역사였다. 남편이 알아듣도록 나의 방언기도가 남편에게는 한국어로 들리도록 하신 것이다. 그때 성령님은 이렇게 남편의 마음을 만지고 계셨다.

'아내는 나를 위해 저렇게 목숨 다해 사랑하는데, 나는 그동안 아내를 위해 속만 썩이고 아무것도 해 준 것이 없습니다. 아니, 이 못난 놈이 오히려 방탕한 생활만 했습니다. 하나님, 나 같은 죄인이 이 세상에 또 있을까요…? 이 죄인을 어찌하면 좋겠습니까?' 어느새 남편의 눈에는 회개의 눈물이 터져 나왔다.

불과 몇 시간 사이, 남편은 180도로 달라져 있었다! 통곡하며 밤이 새도록 회개하고 있었다. "아, 하나님! 정말 저의 기도를 들어주셨군요!" 남편을 놓고 3년 작정 기도를 시작한 지 1년 6개월쯤 되었을 때, 남편은 그렇게 강력하게 주님을 만났다.

집으로 돌아가는 날이었다. 이상하게 남편의 얼굴이 헬쑥해 보였다. 왜일까…? 세상에, 남편도 나를 따라 3일 금식을 한 것이었다! 그것도 주님과의 첫 만남에. 그 금식했다는 말에 가슴이 벅찼다. 더군다나 혼자만 밥 먹기가 미안해서 굶었다고 하니 남편이 그렇게 사랑스러워 보일 수가 없었다.

내가 얼마나 너를 사랑하는지 아느냐

다음 날도 그다음 날도 나는 여전히 저녁마다 교회로 기도하러 갔다. 하루는 남편도 따라나섰다. 우리는 교회 기도실에서 함께 기도드렸다. 이번에도 하나님께서 남편을 만나주셨다. 아주 강력하게. 남편에게 환상을 열어서 보여 주신 것이다.

환상 중에 남편은 본당 예배실에서 예배를 드리고 있는데, 강대상에서 설교하시던 예수님이 남편에게 다가오시더니 남편을 번쩍 안으시고는, "내가 너를 얼마나 사랑하는지 아느냐?"하고 말씀하시더란다.

나는 남편의 반응이 궁금했다. 남편은, 세상의 즐거움에 빠져살 때는 그렇게 사는 것이 인생의 가장 큰 행복인 줄 알았는데, 그동안은 자기가 마귀에게 끌려 다닌 삶을 살았고, 예수님이 꼭 안아주시는데 그 사랑이 세상 그 무엇도 비교가 안 되더라고 고백했다. 할렐루야!

그 뒤로 남편은 술과 담배, 도박을 모두 한순간에 끊어 버리고 완전히 '새 사람'이 되었다. 주님의 사랑에 푹 빠져 늘 기쁨이 충만했다. 정말 '기적'이라고 밖에는 표현할 수가 없었다. 내가 주님을 만나 은혜 받고 감격해서 뜨거워진 것처럼, 그때부터 남편도 내가 믿음생활을 하면서 겪은 과정을 그대로 겪었다. 아니, 나에게 뒤질 새라 정말 열심을 다해 신앙생활을 했다. 지난 날 예수님을 모르고 살았던 삶이 죄송했는지, 그동안 밀린 것까지 몰아서 하는 것처럼 보일 정도로 정말 최선을 다했다.

남편은 날마다 저녁이면 교회 남선교회 실에서 하나님, 이 죄인을 용서해 달라고 회개했다. 남편은 여름이고 겨울이고 가리지 않고 꼬박 5년 동안 밤 12시면 어김없이 0시 예배를 드렸다.

어떤 핑계도 대지 않으며, 여름이면 더워서 교회 마당에 돗자리를 깔고 하늘의 별을 바라보며 몇 시간 잠을 청하다가 새벽예배를 드리고 바로 출근했고, 겨울에는 남선교회 실에서 돗자리를 깔고 추위와 씨름하면서 그 신앙을 지켜낼 정도였다.

남편의 모습에서 믿음의 조상 아브라함을, 또는 야곱을 보는 것도 같았다. 누가 시키지도 않았는데, 나를 따라 엉겁결에 기도원에 다녀온 이후부터 남편은 신앙에도 가정에도 직장에서도 그야말로 충실한 성실 맨이 되었다. 남편은 다만, 자신을 향한 주님의 은혜가 너무 감사해서 행하는 것뿐이라고 했다. 그랬다. 남편은 그렇게 할 수 있는 사람이 아니었다. 성령님의 역사가 아니고서는.

예수님을 닮아가는 남편

사실 남편은 정말 모든 면에서 그동안 불성실한 사람이었다. 회사생활도 제멋대로였다. 술, 담배, 밤샘 도박은 기본이고, 밤샘 부작용으로 전철에서 곯아떨어져 제 시간에 회사에 출근하지 못한 날도 많았다. 오전 10시 경이면 어김없이 남편의 회사에서 집으로, 남편이 아직 출근 전이라며 남편을 찾는 전화가 걸려왔다. 그사이 남편이 회사에 시말서를 수도 없이 썼음은 말할 것도 없다. 그런데도 남편이 회사에서 쫓겨나지 않은 것은 전적인 하나님의 은혜였다.

　예수님을 만나고 은혜를 받으니 이제는 회식 자리가 문제였다. 까딱하면 가족의 밥줄이 끊길지도 모르는 상황에서 남편은 감사하게도 상사의 술 대신 담대하게 신앙을 선택했다. 그랬더니 상사는 남편을 향해 "장로도 술을 마시던데 무슨 소리냐"고 못마땅해 하여 남편의 몸에 남편에게 마시라고 주려던 술을 붓더란다.

　그런데도 남편은 끝까지 버티며 안 마셨다. 그랬더니 빈정거림인지 인정하는 것인지 모르게, "그래, 교회 잘 다녀라."라고 하더니 마침내 회식 자리에서 남편은 술을 안 마셔도 좋다는 허락을 상사에게서 받아냈다. 복음을 만난 남편은 그렇게 예수님을 닮아가려고 애썼고, 실제로 점점 닮아갔다. 덕분에 남편의 놀라운 변화가 회사 안에서 입소문을 타고 남편은 회사 안에서 화제의 인물이 되었다.

　완전히 세상 속에 푹 빠져 살던 사람이 성령의 사람으로 거듭나다니……, 나는 정말 감격했다. 이 세상 사람이 다 변한다고 해도, 남편만큼은 절대 변하지 않을 줄 알았다. 그러나 그것은 부족한 나의 믿음일 뿐, 하나님은 남편을 이전과는 완전히 다른 '새 사람'으로 빚어가셨다. 하나님은 정말 위대하시다.

　"오, 주님. 남편을 변화시켜주셔서 감사합니다!"

남편의 자나 깨나
오직 전도

젊은 날 한 때 나를 속상하게 했던 시절을 빼고는, 남편은 말로 다 할 수 없이 지금도 자상하다. 워낙 성품이 좋고 천성이 온유하다. 교회에서 매주 차량 안내로 섬기면서 평소의 성격대로 붙임성 좋게 성도들에게 밝게 인사하기 때문에 남편은 교회의 성도들과 두루두루 사이가 좋다.

거듭난 이후 남편은 세상의 것을 모두 다 끊고, 오직 전도에만 불을 붙였다. 회사에서 만나는 사람마다 천국은 분명히 있다고 외치며 친구, 친척, 이웃 사람들을 넘어 아무에게나 시간이 되는 대로 전도하며, 전도로 많은 시간, 아니 모든 시간을 보냈다.

남편은 워낙 친절하고 사교성이 좋아서 두 번 만난 사이에도

"형수"하고 넉살 좋게 대하던 사람이라 사람을 상대로 전도하는 것도 어려워하지 않는 것 같았다. 남편은 신이 나서 전도하러 다녔다. 나도 그런 남편과 함께 전도하러 다녔다. 신앙생활을 한 후로 내가 꿈꾸던, 믿음의 가정으로 세워지는 그런 시간이 나에게도 오다니…….

그때부터 남편도 나도 전도꾼으로 통했다. 우리 부부의 전도 방법은 순전히 간증을 통한 전도였다. 예전에 남자들이 중동에 근로자로 많이 나가던 시절에 남편은 회사 동료들이나 지인들에게, "네가 외국에 나가고 집에 없는 동안에 까딱하면 아내가 딴 짓 할 수도 있으니 안전한 가정을 원하면 아내를 교회로 보내라."며 전도했다.

춤바람이 많이 나던 시절이어서 누가 들어도 그럴싸하게 들릴법 했다. 그때 남편은 한술 더 떠, "우리 아내 보니까 교회에 다니더니 천사같이 변하더라."며 지인들의 아내를 자연스럽게 교회로 인도했다. 이처럼 남편의 전도에 대한 열심은 '때를 얻든지 못 얻든지 복음을 전하라.'고 하신, 기록된 말씀인 하나님의 명령에 순종한 자세에서 비롯된 것이었다.

하나님께서는 나의 기도와 믿음대로 결국 남편을 내리교회 장로로 세워 주셨다. 남편은 퇴직 후인 지금도 전도하러 다닌다. 하나님은 언제나 선하시며, 하나님의 약속은 반드시 이루어진다.

　신앙이 있다고 하면서도 전도하지 않는 사람들을 보면 참으로 안타깝다. 남편이, 아내가, 자녀가 아직 믿음 안에 서 있지 않은가? 하나님은 훗날 우리가 예수 그리스도의 심판대 앞에 섰을 때, 우리에게 물으실 것이다. 우리가 전도하지 않은 죄에 대하여. 우리에게 맡겨진 그 영혼들에 대하여 기도하지 않은 죄에 대하여. 만일 훗날 당신 혼자 믿음 안에 있다가 주님을 만난다면 주님이 어떻게 말씀하실까?

　"너, 전도 했니? 너에게 섬기라고, 섬김으로 나의 길로 인도하고 천국으로 함께 오라고 남편도 붙이고, 아내도 붙여주고, 자녀도 붙여주었는데, 그들을 위해 전도 했니? 얼마나 열심히 전도 했니? 그들이 나에게 오도록 얼마나 열심히 기도 했니…? 네가 소중한 만큼 그들도 나에게 한명 한명이 소중한 자녀란다. 부디 자녀를 잃은 아비의 마음으로, 어미의 심정으로 그 영혼들을 나에게 데려와 줄 수 있겠니……. 사랑하는 내 아들아. 사랑하는 내 딸아."

　세상 욕심을 버린 남편은 성격도 점점 예수님을 닮아갔고, 일보다 신앙이 우선순위가 되었다. 예수님을 제대로 믿자고 아주

작심한 것 같았다. 나는 그런 남편을 격려하고 칭찬했다. 한 가지 예로, 당시에는 회사에 2, 3교대 근무조가 있었고 주일에 출근하면 주말수당이 붙어 월급을 많이 주었지만, 남편은 교회출석, 즉 주일성수를 이유로 주일 출근을 거부했다.

회사에서 쫓겨나면 하나님이 책임져 주시겠지 하는 믿음으로 나아갔다. 어디서 그런 담대함이 생겼을까. 초신자답지 않게 신앙이 정말 날로 단단해져 갔다. 이후로 남편은, 교회에서 시키는 일은 무엇이든지 사람의 소리로 듣지 않고, 주님의 음성으로 듣고 순종했다. 다행히 회사에서는 남편을 자르지는 않았다. 그 대신 월급이 전보다 줄어 생활은 어려워졌지만, 우리 부부는 주님을 주인으로 모시고 살아가는 그 삶이 감사하고 더 없이 행복했다.

아들들입니까,
하나님입니까?

예수님을 믿고부터 나는 해마다 설과 추석이면 자녀들을 데리고 기도원에 갔다. 남들은 온 가족이 모여 집에서 떡국과 송편을 먹으며 오순도순 즐거운 담소를 나눌 그 시간에, 우리 가족의 행선지는 늘 그랬듯이 오산리금식기도원이었다. 물론 자식으로서의 도리는 해야 하기에 명절이 오면 우리 가족은, 전날 미리 어머니에게 인사를 다녀왔다. 그런 다음 명절 당일은 아침 일찍 기도원으로 향했다. 기도원에서 우리 가족은 물만 마시며 친정 식구들의 구원을 위해 금식 기도했다. 그렇게 몇 년 보냈다.

이 사실을 들은 누군가는 나에게 어린 자녀들이 무슨 죄인가, 좋은 명절에 왜 아이들에게 못할 짓을 하느냐고 야단할지도 모르겠다. 하지만 나의 생각은 전혀 다르다. 진정한 효도란, 친정어머니가 천국 백성이 되도록 복음을 전하는 것이다. 평소에 잘 돌봐 드리고 용돈도 드리고 말벗이 되어 드리는 것도 당연하고 좋은 행동이지만, 어떻게 나를 낳아주고 길러주신 어머니가 지옥으로 가는 모습을 가만히 지켜볼 수 있으랴.

어떻게 나만 예수 믿고 천국에 갈 수 있는가. 그 좋은 천국을……. 그러니 우리 자녀들도 우리 부부와 함께 효도하고 있는 것이고, 하늘 상급을 쌓고 있는 것이니 아이들에게도 이보다 더 좋은 교육은 없으며, 처음엔 거부 반응이 있어도 계속 하다 보면 아이들도 당연한 것으로 알고 우리와 함께 행동한다. 그것이 생활이 되고 습관이 되다 보니 오히려 명절 당일에 명절을 지내러 간다면 아이들도 어색해할 것이다.

무엇보다 복음을 모르는 친정 식구들에 대하여 너무 애타는 마음이 있기에, 명절을 반납하고서라도 영혼구원을 위해 하나님께 간청하지 않고서는 견딜 수가 없었다. 인간은 누구나가 뼛속부터 죄인인데, 더군다나 친정어머니와 동생들은 여전히 예수님을 모르고 지내니 가슴이 아팠다. 가족이 매일 지옥을 향해 더 가까이 걸어가고 있는 모습이 몹시 안타까워 나는 친정어머니와 동생들이 예수님을 믿고 천국 가게 해달라고 간절히 기도했다.

명절마다 친정식구를 위한 금식기도

1986년이었다. 설날을 앞두고 어쩐 일인지 남편은 나에게 올해 설에는 기도원에 가지 말고, 처가로 가서 전도하자고 했다. 더는 미룰 수 없을 것 같아 선뜻 동의는 했지만, 어떤 상황이 벌어질지 상상하니 막막했다. 친정 식구들은 무속을 믿으며 성황당을 모시던 사람들로 철저한 우상 집안이었다. 심지어 한 동생은 무속 신앙에 특심이 있어, 무당의 운전기사이자 짐꾼이자 굿판의 북재비로서 자기가 섬기는 무당이 가는 곳이면 전국 어디든지 따라다니며 생활비도 해결할 정도였다. 무당과는 단순히 일로써만 맺어진 관계가 아니라, 무당은 동생의 신어머니로서 둘은 각별한 사이였다. 이런 배경을 가진 동생이나 다른 친정 식구들에게까지 복음이 들어갈지 나는 정말 자신이 없었다. 동생들에게 몰매나 맞지 않으면 다행이겠다 싶었다.

어머니도 절대 만만하지 않았다. 어머니는 평소에도, 내가 예수 믿는 것을 못마땅하게 생각해서 아버지 제사에도 형제 중에 나만 오지 마라고 하는 분이었다. "예수를 믿는 네가 오면 재수가 없다."는 것이 그 이유였다. 제삿날 정 친정에 오고 싶거든 제사를 다 마친 밤 중에 밥이나 먹으러 오라고 했다.

나는 이러한 장벽 앞에서 동생들까지는 어렵고, 우선 어머니에게라도 전해야겠다는 마음이 들었다. 가족 구원을 위한 전도의 그날을 위해 나는 눈물로서 기도하며 만반의 준비를 했다. 그런데도 전도할 용기는 안 생겼지만, 일단은 부딪혀 보기로 하고 명절에 친정으로 갔다.

  새해를 맞는 구정 명절 때였다. 우리 부부와 세 아이는 세배하려고 서 있고, 어머니는 앞에 앉아 계셨다. 어머니의 눈에 내 얼굴이 많이 안 좋아 보였던지, "네 얼굴이 왜 그렇게 반쪽이 되었니? 어디 아프냐."하며 걱정하여 말씀하시는데, 남편이 어머니의 말을 가로챘다.

  "장모님, 큰일 났어요. 애들 엄마가 장모님이 지옥 가고 있는데, 자기가 어떻게 밥을 먹을 수가 있느냐며 날마다 저렇게 굶고 있어요. 아무래도 아내가 오래 살 수 없을 것 같아요."

  그러자 어머니는 갑자기 돌아앉으시더니 절을 안 받겠다고 하셨다. 곧 훌쩍훌쩍 울먹이며 나지막하게 말씀을 이어갔다.

  "나는 절을 받을 자격이 없다. 딸이 어미를 위해, 엄마를 천국 가게 하려고 얼굴이 반쪽이 되도록 굶고 있는데…, 나… 그 절… 안 받아도 된다. 이제부터 교회 다닐 테니 밥 먹어라. 그리고… 오래 살아야 한다…."

  어머니는 당신 때문에 식음도 전폐하며 다 죽어가는 딸을 보니 가슴이 먹먹하셨던 모양이다. 그렇게, 어머니는 교회 출석을 약속하셨다. 할렐루야!

쇠뿔도 단김에 빼랬다고 나는 "돌아오는 주일에 어머니를 모시러 오겠습니다." 하고 바로 밀어붙였다. 어머니의 약속을 받고는 집으로 돌아오는 길, 혹시 어머니의 마음이 변할까 그 길로 교회로 가서 돌아오는 주일까지 날마다 어머니의 구원을 위해 기도했다. 드디어 주일이었다. 어머니를 모시고 교회에 가서 그날로 새신자 등록을 시키고 나니 한숨 돌릴 수 있었다. 그러나 이후 다른 친정 식구를 전도하는 길은 결코 순탄하지 않았다.

두 아들의 핍박

친정어머니가 교회에 나가신 지 몇 주도 되지 않아 말썽이 생겼다. 어머니를 모시고 살던 둘째 동생이 어머니가 교회에 다니신다는 사실을 알게 된 것이다. 그날부터 집안에 환란이 불어 닥쳤다. 동생은 어머니가 교회 나가지 못하게 하려고 수차례 핍박을 했다. 어머니가 교회에 등록 하신지 몇 달이나 지났을까? 이번에는 친정 동생들 모두가 이 사실을 알게 되었고, 급기야 큰남동생에게서 연락이 왔다. 가족회의가 있으니 형제들만 모이라는 무언가 작정한 듯 단호한 전화였다.

친정어머니의 집에 우리 형제 7명이 모두 모였다. 어머니의 옆에 내가 앉고, 나이 순서대로 동생들이 빙 둘러앉았다. 곧 심각한 분위기 속에 큰동생이 입을 떼었다.

"어머니, 어머니가 갑자기 교회에 다니시는데요. 우리 모두 어머니가 교회에 다니시는 것을 반대합니다. 그러니 대답하세요. 어머니, 하나님을 택하실 겁니까. 아니면 아들들을 택하시겠습니까?

어머니는 잠시 뜸을 들였다. 순간 나는 속으로 간절히 기도했다. '하나님, 우리 어머니의 생각을 주장해 주세요. 역사해 주세요.' 마침내 어머니가 입술을 떼었다.

"내가 지금껏 이 신(神), 저 신 다 믿어보았다. 하지만 뭘 믿어도 되는 노릇이 없어서 마지막으로 하나님을 믿어보기로 했다. 이제는 돌이킬 수 없다."

그랬더니 나와 어머니를 제외한 친정 식구 모두가 안색이 변했다. 어머니의 답변에 충격받았는지 동생들은 나를 벼르듯이 쳐다보며 말했다.

"누님은 출가외인입니다. 앞으로 친정에는 오지 마세요. 혹시 집에 오더라도 하나님 이야기는 입 밖에도 꺼내지 마세요."

나는 그대로 있을 수가 없어 말을 받았다.

"하나님은 계시고, 천국은 분명히 있다."

"시끄러워요! 입 밖에도 내지 말랬더니, 뭐하시는 겁니까? 조용히 하세요!"

동생이 윽박지르고 소리 지르는 바람에 나도 모르게 울컥 갑자기 눈물이 쏟아졌다. 그 바람에 어머니도 함께 울어 방안은 눈물바다가 되었고, 더는 가족회의가 어려워 보였다. 그날 이후 남동생의 핍박은 더욱더 심해졌고, 어머니와 나는 그럴수록 더욱 기도에 힘을 썼다.

환상 중에 어머니에게
열린 천국과 지옥

어느 날이었다. 교회에서 기도하시던 어머니에게 환상이 열렸는데, 예수님이 나타나셔서는 함께 가자고 하셨단다. 길을 가던 중에 어머니는 문화회관의 문처럼 커다란 문 앞에 예수님과 나란히 섰다.

검은 색 문 너머의 불가마와 비명

검은 색의 문은 쳐다보는 것만으로도 무시무시해서 온몸에 소름이 돋았다고 했다. 잠시 후 그 문이 소리 없이 열리는데, 얼마나 무서운지 그 순간 어머니는 소스라치게 놀라 그만 땅바닥에 주저앉을 뻔했다. 그런데 거기서 끝이 아니었다. 더 끔찍한 장면이 문 안 쪽에서 펼쳐지고 있었다. 그곳은, 우리가 말로만 듣던 바로 그 끔찍한 장소인, '지옥'이라고 했다.

지옥에서는 사람들의 목소리가 들려왔다. 분명 사람의 소리가 맞는데, 생김새가 우리가 알고 있는 보통 사람의 모습이 아니고 변형된 형태로 몹시 이상하고 끔찍했다. 지옥에서 어머니는 넓고 큰 가마를 보았다. 가마 속에는 검정색 기름이 부글부글 끓고 있었는데, 그 속에서 목이 찢어져라 "앗 뜨거워! 앗 뜨거워!" 하는 사람들의 비명소리가 들렸다. 그 펄펄 끓고 있는 기름 가마 안의 사람들은 하나 같이 처참한 모습이었다.

더 기막히고 참혹한 것은 지옥 안에 있는 사람들이 밤낮 쉬지도 죽지도 못하고 그렇게 기름 가마 속에서 고통을 받고 있더란다. 어머니는 너무 무서워서 살이 벌벌 떨리고 다리가 후들거려 잠깐도 서 있을 수가 없었다고 고백했다. 그 끔찍한 광경을 차마 더는 볼 수가 없어 얼른 그곳을 떠나고 싶었지만 아무리 도망가려고 해도 발이 땅에 붙어서 안 떨어지고, 그 처참한 모습을 아무리 안 보려고 애를 써도 도무지 안 볼 수 없게 하더란다.

그들을 바라보며 어머니 당신도 행여 그 펄펄 끓는 기름 가마 속에 빠져 그들처럼 될까 봐 너무 두려우셨다고 했다. 혹시 누가 뒤에서 그 기름 가마 속으로 등을 떠 밀면 어쩌나 싶어 어머니는 벌벌 떨었다. 그때였다. 부드러운 주님의 음성이 들리는 동시에 이제는 살았구나 싶어 안도했다. 천만다행이었다. 이번에는 주님이 어머니에게 옆의 문으로 가자고 하셨다.

황금색 문 너머의 금빛 세상

옆의 나머지 한 문은 황금색으로, 황금 문의 안쪽은 금빛으로 휘황찬란하게 번쩍이며 온 세상 가득 금빛으로 눈부셨다고 했다. 순간, 이 세상에서는 단 한 번도 맛보지 못한 행복감이 밀려왔는데 상상했던 대로 그곳은 천국이었다.

찰나에 친정어머니는 열린 천국 문의 안까지 훤히 들여다보신 것이었다. 천국이 너무나 황홀하고 아름다워서 얼른 그 속에 들어가고 싶으시더란다. 발을 떼어 안쪽으로 내디뎌 보려고 발버둥쳐봤지만 발이 땅에 딱 붙은 채로 도저히 안 떨어져 들어갈 수 없었다고 했다.

지옥에서처럼 천국에서도 어떤 힘에 의해 어머니는 당신의 뜻대로 몸을 움직일 수가 없었다. 천국 문 너머에서 천국을 들여다본 어머니는 누군가가 당신을 그 안으로 등 떠밀어 주었으면… 하며 기다렸다는데, 아무도 등 떠밀어 주는 사람이 없어 무척 아쉬웠다고 했다. 예수님은 그런 어머니의 마음을 아시고, 예정된 하나님의 '때'에 대해 말씀하셨다.

"네가 그곳에 들어가고 싶어도 지금은 들어갈 수가 없고 때가 되어야 들어갈 수 있단다."

그 예수님의 음성을 끝으로 눈을 떠보니 어머니이 좀 전에 경험한 것은 '환상' 중에 본 장면이었다. 그렇게 환상 중에 지옥과 천국을 모두 경험하시고 나서, 어머니는 그날부터 더욱더 담대해졌다. 예수님과의 만남과 천국, 지옥의 생생한 체험을 통해 어머니는 어떠한 핍박이 와도 잘 견디고 이길 수 있는 힘을 얻으셨다.

너희는 강하고 담대하라 두려워하지 말라 그들 앞에서 떨지 말라 이는 네 하나님 여호와 그가 너와 함께 가시며 결코 너를 떠나지 아니하시며 버리지 아니하실 것임이라(신명기 31:6).

엉엉엉,
누나만 천국 가잖아

어느 날, 꿈을 꾸었다. 꿈속에서 둘째 남동생이 다섯 살 어린 아이가 되어 나타났다. 동생은 그리 멀지 않은 곳에서, "누나!" 하고 울면서 나를 부르고 있었다.

"왜 울고 있니? 왜 그래? 누나한테 말 좀 해 봐."

"누나!" 하더니, "누나만 천국 가고 나는 지옥 가잖아. 나도 데리고 가. 누나, 나도 천국 가고 싶어. 지옥 가기 싫어. 엉엉엉."

계속 슬프게 우는 동생이 불쌍해서 달랬다.

"알았어. 누나가 꼭 천국에 데리고 갈게! 이제 울지 마."

꿈을 통해 나는 깨달았다. 그 꿈은 동생의 영혼 구원을 위해 더욱더 기도하라는 하나님의 사인임을. 어머니와 나를 핍박하는 동생을 위해 하나님께서는 그런 방식으로 꿈을 통해 나에게 당신의 음성을 들려주셨다. 그것은 하나님 아버지가 부어주신 마음이었다. 당신의 사랑하는 자녀, 선택하신 그 백성을 위해. 나는 동생들의 구원을 위해 더 매달려 기도했다.

특히, 그날 꿈에 나타나 울며 나에게 자기도 천국 가게 해 달라고 지옥은 가기 싫다며 매달렸던 둘째 남동생에 대한 마음이 더욱더 간절했다.

지금까지 40여 년 동안, 나는 둘째 남동생을 위해 날마다 쉬지 않고 기도해 오고 있다. 예수님을 영접할 그때는 알 수 없지만 하나님께서는 하나님의 때가 되면 반드시 동생이 예수님을 믿고 구원받으리라 확신한다. 그래서 오늘도 나는 남동생을 위한 기도를 멈출 수가 없다.

사랑하는 가족, 나의 피붙이 남동생이 구원을 받을 때까지…. 설령 전도한다는 이유로 어떠한 핍박이 따른다고 해도 말이다.

눈물을 흘리며 씨를 뿌리는 자는 기쁨으로 거두리로다(시편 126:5).

화마(火魔) 속에서
건져진 두 조카

서울에 사는 조카 자영이가 여덟 살 즈음 겨울방학을 맞아 고모인 우리 집에 왔다. 사촌 언니들과 놀고 싶어서 였다. 잘 놀고 난 뒤인 다음 날 저녁이었다. 갑자기 자영이의 몸이 펄펄 끓었다. 열이 너무 많이 올라 나는 깜짝 놀라고 당황했다. 자영이는 집에 데려다 달라며 울었다. 놀란 아이부터 달래야 해서 일단 당황한 마음을 가라앉히고 잠시 기도했다. 그런 다음 차분하게 자영이에게 말했다.

"자영아. 너희 엄마 같으면 이렇게 아플 때 병원에 가겠지? 그런데 고모는 병원에 안 간단다. 이 밤중에 너를 서울까지 데려다 줄 수도 없어. 걱정하지 마. 고모가 하나님께 기도할게. 하나님은 고모가 기도하면 다 들어주셔!"

기도가 끝나자 아이는 울음을 그쳤다. 잠잠히 앉아 있는 자영이만 남기고 우리 아이들은 다른 방으로 보낸 뒤에 나는 자영이를 붙들고 기도했다.

"하나님, 자영이는 하나님을 모릅니다. 자영이를 고쳐주세요. 그래서 자영이가 하나님이 살아계신 것을 체험하게 해주시고 집으로 돌아가서는 부모에게 기도를 통한 이 치유의 사실을 모두 전하게 하소서."

기도를 마치자 자영이는 추위를 심하게 느끼며 온몸을 부들부들 떨었다. 이불로 푹 덮어 감싸주고 옆에 앉아 기도했다. 얼마쯤 지났을까? 자영이가 이불을 걷어치우고 벌떡 일어났다. 언제 아팠냐는 듯이 "언니야, 놀자."라고 하면서.

다행히 열은 이미 식어 있었다.

"고모 이제 안 아파요. 고모가 기도해서 하나님이 고쳐주셨어요."

"그래, 하나님은 기도만 하면 다 들어주신단다. 집에 가면 엄마, 아빠에게 이 말을 꼭 해야 한다. 알았지?"

자영이가 집으로 돌아가고 한 달쯤 후 지나 자영이의 엄마에게서 전화가 왔다.

"저 교회 다녀요. 언제 저희 집에 오셔서 기도해주세요."라고 하는 것이 아닌가. 얼마나 감사한지 눈물이 났다. 이렇게 해서 자영이네 가정에도 복음이 들어가기 시작했다. 하나님은 전도를 위해 자영이의 열병을 사용하신 것이다.

그 후로도 올케는 나에게 종종 전화했는데 그때마다 하는 말이, 나의 남동생이 올케가 교회에 다니는 것을 결사 반대한다는 것이었다. 걱정이 되어 어느 주일 저녁에 남동생네 가보니, 남동생은 무슨 일인지 화가 몹시 나서 방문 앞에 앉아 있고, 올케는 방 안쪽에서 쪼그리고 앉아 울고 있었다. 마침 아이들은 보이지 않았다. 집안 분위기가 심상치 않아 남편과 나는 서둘러 집으로 돌아왔다.

큰 남동생네의 날벼락 같은 화재

1991년 어느 날이었다. 어느 동생에게서 집으로 전화가 걸려왔다. 3시간 후면 내가 3일 작정 금식기도를 시작한지 꼬박 만 3일을 채울 기간이었다. 그런데 이 웬 끔찍한 날벼락이란 말인가. 서울에 사는 큰 남동생네 집에 불이 나서 식구들이 다 죽었다는 소식이었다. 말도 안되는 얘기에 어안이 벙벙했다. 큰 동생네 가정이 구원받게 해달라고 3일이나 금식하며 기도했는데…. 대체 이게 무슨 일인가. 그 가정에 불이 나고 모두 죽다니….

하나님의 딸, 정희 ●

"하나님! 이게 어떻게 된 일입니까? 제가 잘못 들은 건가요, 잘못 전달된 소식아닌가요? 왜 하필이면 그 가정입니까! 제가 그 가정을 위해 얼마나 애타게 기도했는지 주님은 아시지 않습니까." 나는 너무 애가 타서 하나님께 부르짖어 물었다. 그러나 하나님은 아무 말씀이 없으셨다.

다리가 후들거리고 온몸이 떨렸다. 가뜩이나 3일 동안 금식해서 안 그래도 기운은 없지만 사망 소식에 충격을 받고 사실 확인을 위해 서둘러 동생네 집으로 가야 했다. 발걸음은 좀처럼 떨어지지 않았다.

사실이 아니길 바랐지만, 아 어쩌면 좋은가. 큰 동생네 화재 사고 소식은 모두 사실이었다. 나는 도저히 믿기지 않고 기가 막혀 땅바닥에 주저앉아 엉엉 울었다. 겨우 정신 차리고 서울의 한 병원으로 달려가 처참한 현실과 마주했다. 마음이 갈기갈기 찢어질 것 같았다. 남동생은 화재 현장에서 이미 죽었고, 한강 성심병원으로 실려 갔던 올케는 화재 사건 발생 4일 후에 세상을 떠나고 말았다. 자영이의 동생 한호는 3도 화상을 입고 올케와 같은 병원의 중환자실에 입원해 있었다. 부모의 사망소식을 전혀 모른 채.

그런데 한 가지 이상한 것이 있었다. 가족 넷 중 셋은 죽거나 심한 화상을 입었는데, 유일하게 자영이만은 머리카락 하나도 타지 않았다. 무슨 영문일까.

자영이가 말했다. 한방에서 식구들과 잠을 자는데, 잠결에 누군가가 갑자기 "자영아!"하고 큰 소리로 불러 깜짝 놀라서 눈을 떠보니, 방안이 불길에 휩싸여 있더란다. 그때 누군가가 자기를 번쩍 들어 방 밖으로 던지는 느낌이 들었고, 순간 자기가 문밖으로 뛰쳐나온 상태에서 너무 놀라 "불이야!"하고 있는 힘을 다해 소리를 질렀다고 했다.

화재현장을 피해 문밖으로 나온 후 가족의 이름을 목 놓아 불렀건만, 한 사람도 빠져나오지 못했다며 서럽게 울었다. 화재 사건의 전후를 따져보아도 잠든 자영이를 누가 불러 깨운 지는 아무도 알지 못했다. 다만 짐작은 되었다. 아마도 그날 그 위기의 순간에 자영이를 보호한 것은, 믿음의 사람을 돌보고자 하늘에서 파송한 천사의 목소리와 손길이 아니었을까…….

예수님을 만난 한호

어린 두 남매만 남기고 동생네 부부는 홀연히 세상을 떠나고 없었다. 저 불쌍한 아이들을 어쩌랴. 살아남은 남매만이라도 온전하면 좋으련만, 둘째 한호는 부모의 사망 소식도 모른 채 중환자실에서 산소호흡기로 간신히 연명하며 외롭게 죽음과 사투를 벌이고 있었다. 병원 측은 한강성심병원이 생긴 이래 지금까지

하나님의 딸, 정희 ●

한호처럼 심한 화상 환자는 없었다며, 이 상태라면 한호가 살기는 어려울 것이라고 했다.

살 희망이 없는데, 앞으로도 병원비는 무척 많이 들 것이라며 한호의 입원여부를 보호자가 결정하라고도 했다. 한호는 화상 자리가 짓무르거나 곪지 않도록 특수기능을 가진 바람 침대를 사용해야 했다. 1990년 초반 당시 중환자실의 하루 입원비만 해도 50만 원에, 밀린 병원비만도 2개월 동안 이미 몇 천 만원이었다. 동생네가 남겨놓은 재산도 따로 없는데다 졸지에 보호자가 된 나의 친정어머니 또한 빈손이나 다름없었다.

산소호흡기만 떼면 한호는 이틀이면 죽는다고 했다. 사망한 부모를 대신하여 졸지에 보호자가 되어버린 친정어머니와 나는 달리 방도가 없어 산송장이나 다름없는 한호를 친정어머니가 사는 시골집으로 데려갔다.

한호를 시골집으로 데려온 뒤, 친정어머니는 직장에 가는 시간을 빼고는 곁에서 간병을 전담하다시피 했다. 낮에는 고모인 내가 간병을 도맡았다. 그렇게 우리는 교대로 아이 곁을 지키며 곧 죽을 목숨이라던 한호가 죽기를 손꼽아 기다렸다. 그런데 어찌 된 일인지 아이는 일주일이 지나도록 죽지 않았다.

아파하는 한호를 보며 마음이 몹시 아팠지만 우리가 해줄 수 있는 것이라고는 아무것도 없었다. 한호도 어머니와 나도 하루하루 지쳐갔다.

열흘이 지났다. 화상 때문에 산송장처럼 한호의 몸은 썩어들어 가고 있었다. 시골집에는 파리가 들끓었다. 동네 파리란 파리는 모두 한호 주변으로 몰려든 것 같았다. 움직일 수도 없고 화상 자리가 곪아 기저귀를 찰 수도 없던 한호는 볼일을 화장실도 요강도 기저귀도 아닌 그냥 자기가 누워있는 이부자리에 누운 채로 보아야 했다.

더 큰 문제는, 화상으로 썩어들어 가는 한호의 몸에 파리가 알을 낳는 것이었다. 그 바람에 방안에는 수십만 마리나 되는 구더기가 꿈틀거리며 다녔다. 그 엄청난 양의 구더기들이 한호의 몸을 이불처럼 감쌌지만 어쩔 도리가 없었다. 파리약을 아무리 뿌려도 소용이 없었다. 날이 갈수록 아이 몸에서 나오는 구더기의 수는 점점 더 많아졌다.

상황은 그야말로 최악이었다. 한호의 몸이 썩어들어 가는 냄새에, 이부자리에 한호가 싸놓은 대소변 냄새까지 더해져 잠시라도 숨을 쉴라치면 구토가 나올 만큼 악취가 너무 심했다. 한호에 대한 안쓰러운 마음마저 쏙 들어갈 정도였다. 한호도, 곁에서 한호를 돌보는 우리 식구도 모두 못할 노릇이었다.

추석을 앞둔 가을이었다. 방바닥에는 쓸어도 쓸어도 빗자루로

다 쓸리지 않는 구더기들이 여기저기 꾸물거리며 기어 다니고 있었다. 징그럽고 역겨워 정말 더는 견디기 어려웠다. 한호한테는 미안했지만, 사람 썩는 냄새에 똥 냄새로 호흡이 곤란할 정도여서 방문을 열고 냄새가 나가도록, 선풍기를 한호를 향해서가 아니라 방문을 향해 틀어 환기시켰다.

그렇게 1년 같은 1개월이 지났다. 한호는 나를 부르더니 예배를 드려달라고 부탁했다.

"고모, 찬송 불러주세요. 기도해주세요. 날마다 예배를 드려주세요."

웬만해서는 나에게 그런 부탁은 너무 감사한 일이고 내 쪽에서 보자면 당연한 일이건만, 그 말을 듣고도 나는 한호와 함께 예배를 드려야겠다는 의욕이 별로 생기지 않았다. 간병보다는 악취와 구더기 등의 너무 어이없는 상황에 이미 지칠 대로 지쳐 있었다. 예배도 기도도 도무지 마음이 안 생겼다. 순간, 이대로 조카를 떠나보내면 훗날 얼마나 가슴을 치겠는가 생각하니 정신이 번쩍 들었다.

주님은 그런 처참한 상황 가운데도 한호를 통해 일하고 계셨다. 그 사실을 깨달은 나는 한호의 부탁대로 날마다 하나님 말씀을 들려주고 찬송을 부르고 기도하며 예배드렸다. 여전히 고통은 크지만 한호는 그때마다 좋아하고 영적으로 사모하여 기뻐하는 것 같았다.

아주 더딘 속도였지만 어느덧 2개월이 지나갔다. 그날따라 갑자기 한호가 슬프게 흐느끼며 울었다. 갑작스러운 한호의 울음에 왜 저럴까, 무엇 때문인가 싶었다. 우리와 함께 셋이서 예배를 드리는 가운데 한호가 예수님을 만난 것이었다! 한호는 세상을 떠나기 전 마지막 힘을 다해 예수님께 못다 한 고백을 하는 것 같았다.

"예수님, 예수님…. 누나가 교회 가자고 했는데, 노느라고 교회 못 갔어요. 용서해 주세요. 노느라고 교회 못 갔어요. 용서해 주세요."

그렇게 회개하며, 한호는 한참 서글프게 울었다. '아, 한호가 예수님을 만났구나! 예수님이 회개시켜 천국에 데리고 가시려는 거구나.'하는 생각이 드는 순간이었다. 그때 갑자기 주님의 음성이 나에게 들렸다.

"한호가 네 아들이라면, 한호의 몸에 붙은 구더기가 징그럽고 더럽고 끔찍하겠느냐? 네 아들이라면 빨리 죽기를 바라겠느냐? 한호가 네 아들이라면, 너무 불쌍해서 먹지도 않고 잠도 못 자고 우리 아들 살려달라고 금식하며 기도했을 텐데, 너는 그리스도의 사랑이 전혀 없다. 회개하거라."

나는 엉엉 울면서 예수님께 용서를 빌었다. 그다음으로 내가 용서를 빌어야 할 상대는 한호였다.

"한호야 미안하다. 고모를 용서해 주거라. 고모가 하나님을 믿는다고 하면서 사랑도 없고, 하나님 자녀답게 살지 못했구나……. 한호야, 지금 고모가 하는 말을 잘 들어라. 세상에 태어날 때는 순서가 있지만 떠날 때는 순서가 없단다. 아무래도 할머니나 고모보다 네가 먼저 천국에 갈 것 같구나. 하지만 걱정 마라. 천국은 분명히 있단다. 그리고 그곳은 너같이 아픈 사람도 없고, 괴로움도 없고, 슬픔도 없는 곳이란다. 한호야…, 이제 예수님 손 꼭 붙잡고 먼저 천국에 가 있거라. 할머니랑 고모도 자영이 누나도 곧 천국에 갈 거야. 그곳에서 한호랑 영원히 함께 살게 될 거야. 한호야, 사랑한다. 고생 많았다. 정말 사랑한다."

그런 다음 나는 크게 울며, 빨리 들어오시라고 친정어머니를 불렀다.

"엄마, 얼른 와서 한호한테 미안하다고 사과하고, 하나님께 회개하세요."

어머니는 밤새 돌보는 것이 너무 힘들어 저 아이는 언제 죽나 하고 한호가 죽기만을 기다렸다며 회개했다. 우리의 사과를 받았는지 한호는 고개를 끄덕이고 눈물을 흘렸다.

곧바로 한호는 혼수상태에 빠졌고, 이틀만에 세상을 떠났다. 한강성심병원 의료진은 '주사를 빼면' 한호가 이틀이면 죽는다고 했었다. 그러나 하나님의 계획은 달랐다. 비록 산송장이나 다름없는 처량한 신세의 한호였지만, 하나님께서는 천하보다 귀한 한 영혼인 우리 한호를 구원하시려고 삶의 시간을 연장해서 한호에게 이 땅에서의 생명이나 이 세상의 다른 어떤 것도 아닌, 오직 천국만을 소망하게 하셨다.

그렇게 2개월 동안 복음을 듣게 하고 한호를 회개시켜 하나님 곁으로 데리고 가신 것이다. 올케는 예수님을 믿다가 갔으니 기다리던 한호를 천국에서 만났겠지만, 예수님을 부정하고 핍박한 내 동생은 어찌하면 좋은가. 구원받지 못한 그 동생을 생각하니 통곡이 나왔다. 하지만 구원은 나의 권한 밖이요, 이 모든 것이 하나님의 섭리 가운데 있다. 생사화복의 주관자이시며 구원을 결정하시는 심판 주이신 하나님이 그분의 뜻에 따라 하시는 구원을, 내가 무엇이라고 평할 수 있으리오. 그렇다. 하나님의 구원의 역사와 그분의 계획과 깊은 뜻은 한낱 피조물인 우리 인간은 알 수 없다.

그렇게 자영이는 남아있던 단 한 명의 가족인 동생마저 떠나보냈다. 다행히 그 후로도 신앙생활을 잘 하며, 신앙 안에서 교회의 울타리 안에서 영육 간에 건강하게 잘 자라 감리교단에서 목사 안수를 받고, 인도 선교사로 나갔다. 그리고 그곳에서 부르심에 합당하게 충실한 하나님의 사명자로 쓰임 받고 있다.

28
chapter

무당 팔자에서
벗어나고 싶으세요?

인천시 한 아파트에 5년 여 쯤 살던 시절이었다. 바로 옆에는 3층 주택이 줄지어 있었다. 그 중 조그만 가게가 딸린 주택으로 먹을 것을 사러 들어가려는데, 아줌마들이 웅성웅성 거렸다.

아줌마들의 얘기를 들어보니, 가게 바로 위의 2층은 젊은 무당의 집으로 혼자 사는지 날마다 술과 담배에 절어 산다고 했다. 그 이유가 손님도 없고 굿거리도 없어서 생활이 너무 어렵고 괴로워서 라는 것이다. 그 소리를 듣는 순간 그 무당이 왜 그리 불쌍한 생각이 드는지.

나는 그 즉시 구멍가게에서 나와 무작정 무당이 사는 2층으로 향했다. 전도해야겠다는 마음이 들었다. 성령이 주시는 마음 같았다. 무당의 집 문을 열고 들어가자, 문 안쪽에는 무당인 듯 한 젊은 여자와 손님으로 보이는 할머니 한분이 앉아 계셨다. 무당이 나를 신당으로 데리고 들어가더니 앉으라고 했다. 오랜만에 손님이 온 줄 알고 얼마나 반가웠을까. 그런데 내가 전도하러 온 사람인 줄 알면 어떤 반응을 보일까?

"나는 점 보러 온 사람이 아니에요. 예수님을 믿는 사람이고, 근처 아파트에 사는데 전도하러 온 거예요."

무당의 낯빛이 일순간 확 바뀌는가 싶더니, 당장 나가라고 나에게 소리를 질렀다. 이미 예상한 장면이었다. 나는 눈을 뜬 채로 속으로 '하나님, 저에게 담대함을 주세요.'하고 잠시 기도하고, 무당을 향해 마저 내 할 말을 끝냈다.

"무당님, 걱정 마세요. 잠깐 할 말만 전하고 알아서 나갈게요."

화가 난 무당은 벌떡 일어나 거실로 나가 서 있었다. 신당의 옆방에는 할머니가 방문을 열어놓은 채 우리의 모습을 지켜보고 있었다. 알고 보니 할머니는 그 무당의 어머니였다. 당신은 서울에 사는데, 갑자기 딸이 무당이 되었다면서 한숨을 쉬며 가슴 아파했다. 전도를 할 요량으로 할머니와 계속 대화를 나누었다.

"그래요. 저도 장성한 자식들이 있는데, 자녀들이 결혼해서 평탄하게 사는 것이 부모들의 소원이 아닌가요? 그런데 할머니는 혹시 교회 다니시나요?"

하나님의 딸, 정희 •

할머니는 교회는 한 번도 가본 적이 없다고 했다.

"그러세요? 할머니, 잘 들으세요. 저는 옆의 아파트에 사는 사람인데요. 어릴 때였어요. 스님이 저더러 무당 팔자라고 했는데, 잊고 살았어요. 그런데 둘째 낳고 얼마 후에 정말로 저한테 신기(神奇)가 찾아왔습니다. 신당만 안 차렸지, 저 또한 이미 동네 사람들을 상대로 따님처럼 점을 쳤습니다. 헌데 남편도 나도, 제가 무당 되는 것이 싫었어요. 저는 딸만 셋이 있는데, 내가 무당이 되면 내 딸들이 무당 딸들이 된다는 사실이 죽기보다 싫었습니다. 그래서 무당이 되지 않으려고 예수님을 믿었어요. 제가 예수님을 믿은 건 순전히 무당이 되는 것이 끔찍하게 싫어서였어요.

제가 예수님을 믿게 된 건 한 무당 때문이었어요. 저는 한때 시름시름 앓으며 죽어가고 있었어요. 통상적인 질병이 아니라, 보통 '신병'이라고들 하지요? 저더러 무당이 되라고 귀신이 저를 병들게 한 것이었어요. 어느 날 점을 보러 갔는데, 점집 무당이 한다는 말이 글쎄 저더러 교회에 다니라고 하는 게 아니겠어요? 제가 무당 신을 안 받으려면 무당 신보다 더 센 하나님을 믿어야 한다고 하면서요. 그래서 예수 믿었어요. 무당의 말 듣고 무당이 안 되는 팔자로 바꾸려고."

예수님을 믿은 지가 벌써 몇 십 년이 되어 간다. 어릴 적부터 부모님이 무속 신앙을 믿은 데다 나에게는 신 엄마까지 있었다. 그 신엄마를 통해 무당이 얼마나 기구한 팔자인지 익히 보고 들었다. 누구보다 무당에 대해 잘 아는 사람이다. 그런 내가 무당 팔자에서 하나님의 딸로 운명이 바뀌니 정말 얼마나 다행이고 행복한지 모른다고 말을 한 끝에, 나는 예수님을 전했다.

"이제 어머님도 따님이랑 예수님 믿으세요. 그러면 하나님이 가족들과 함께 행복하게 살도록 도와주실 거예요. 세상 말로는 팔자가 바뀐다고 하지요? 이제 하나님 자녀가 되세요."

어느새 무당이 우리 곁에서 내가 무당의 어머니와 나누는 대화를 가만히 듣고 서 있었다.

"그러면 어떻게 하면 됩니까?"

나직한 목소리로 물은 사람은 무당의 어머니였다. 나는 두 모녀에게 무당이 되지 않을 수 있는 길을 알려 주었다.

"신당을 다 정리하고, 따님이 친정어머니 곁으로 이사하세요. 그런 다음 두 분이 함께 어머니가 사시는 집 근처의 조금 큰 교회 목사님을 찾아가세요. 그 목사님께 당신들의 사정 이야기를 하시면 그분이 최선을 다해 도와주실 거예요. 그리고 어머님은 따님을 위해서 기도 많이 하셔야 합니다. 그것만이 살 길입니다."

무당의 어머니는 나에게 그렇게 하겠다고 약속했다.

며칠 후, 모녀는 나를 찾아와 작별인사를 건넸다. 서울로 올라

가서 신앙생활을 열심히 해보겠다며. 무당집에 세워 놓은 흰색과 빨간색 깃발을 내리고 차려 놓은 신당도 모조리 깨끗이 없애 버렸다. 나중에 모녀의 소식을 들었다. 교회에 열심히 다닌다는 반갑고 감사한 소식이었다. 무당을 전도할 수 있도록 용기와 믿음과 각별한 기회를 주신 하나님께 참으로 감사했다.

하나님은 영혼 구원을 위해 언제, 어디서, 어떻게 역사 하실지 모르기 때문에 항상 깨어 기도함으로 준비해야 한다. 하나님이 예정하신 그때 추수할 곡식을 주님이 만나게 해주시면 상대방이 무당이고 강도이고 가릴 것 없이 전하면, 역사는 주님이 하신다.

우리가 실수하고 착각하는 사실은, 전도하는 과정에서 우리의 생각대로 전도하려 하고, 전도대상자 또한 내가 고르려 든다는 사실이다. 그러나 하나님의 생각(뜻)은 사람의 생각(뜻)과 다르기 때문에 전도하더라도 내 생각을 버려야 한다.

기도로 늘 깨어 살면서 하나님이 나에게 맡기신 영혼을 여쭙고 준비되어 있자. 그 영혼을 위한 '하나님의 전도 방법대로', '하나님이 사용하시는 그때' 순종함으로 전도자로 서면 된다. 전도할 때도 내 뜻과 내 생각, 내 방법을 모두 내려놓고, '하나님의 뜻', '하나님의 생각', '하나님의 방법'대로 하나님이 일하시도록 우리는 순종하면 된다. 그럴때 더 선하게 역사하실 것이다.

29
chapter

나의 동갑내기
조현병 친구

　나는 습관처럼 저녁마다 기도하러 교회에 갔다. 그날도 저녁
9시에 교회로 갔는데, 건물 2층 로비에 40세쯤 되어 보이는 웬
뚱뚱한 여자가 눈에 띄었다. 의자에 앉아 큰소리로 뭐라고 하면
서 누군가와 이야기하는 것처럼 보였다.

　궁금해서 유리 창문 너머로 가만히 보니 혼자 중얼거리는 것
이었다. 약간 정신이 나간 사람인 것 같았다. 더군다나 몸집이 크
고 엄청 뚱뚱한 데다 긴 의자를 밀었다 당겼다 하는 모습이 힘
힘 또한 장사인듯 보여 가까이 다가가기에는 어쩐지 망설여졌
다. 정신이상자라고 생각하니 조금은 두려웠다. 그래도 교회로
찾아온 손님인데 싶어 살금살금 다가가 멀찍이서 말을 건네 보

하나님의 딸, 정희 ●

왔다.

"어디서 오셨나요? 혹시 우리 교인이신가요?"하고 물었더니, 자기는 예수도 안 믿는 사람이고 교회는 그냥 지나가다가 들린 것이라고 했다. 지금으로 치자면 '조현병'에 걸린 사람이 아닐까 싶은데, 용기를 내어 가까이 가서 말을 계속 붙였다.

우리 교회에 다니는 성도 중에 혹시 아는 사람이 있는지 묻자, 고등학교에 다닐 때 담임선생님이 내리교회에서 결혼식을 해서 그때 반아이들과 이 교회에 처음 와 봤다며, 다시 와 보고 싶어 몇 십 년 만에 들른 것이라고 했다. 다른 교회는 한 번도 안 가봤다면서 여기가 자기에게 모(母) 교회이니 예수를 믿으려면 당연히 다른 교회에는 갈 수가 없다고도 했다. 여선생님 이름이며 선생의 가족 이야기도 맞는 걸 보니 그녀가 말한 것은 사실인 것 같았다.

그녀는 어쩌다 정신이 온전치 못하게 된 걸까, 사연이 궁금했다. 그녀는 자기는 자녀가 둘 있는데 본인이 정신이 돌아 남편과 헤어지고 아이들은 남편이 기른다고 했다. 다행히 친정이 부자여서 자기에게 집을 구해주고 생활비에 용돈도 많이 주어 사는데는 걱정이 없다고 했다. 한 눈에도 부티가 나는 게 그 말도 맞을 것 같았다. 그녀의 말에 따르면 나랑 동갑이라기에 우리는 친구가 되기로 하고 그녀에게, 나는 날마다 밤 9시면 기도하러 교회에 오니까 내일부터는 저녁마다 교회에서 보자고 말해주고 그날은 헤어졌다.

그날 이후, 우리는 매일 만났다. 자매는 항상 나보다 먼저 교회에 와서 저녁마다 비싼 과일을 사놓은 채 나를 기다리고 있었다. 내가 교회에 가는 목적 중에 가장 큰 이유는 기도이지만, 이제는 그 친구마저 나를 기다릴 생각을 하니 더 서둘러 가야겠다는 마음에 집안일을 부지런히 마쳐놓고 잰걸음으로 교회로 달려갔다.

우리는 내리교회의 일명 '폭풍의 언덕'에서 저녁마다 둘이 앉아 과일을 나누어 먹으며, 나는 그렇게 그 자매에게 복음을 전했다. 자매에게 '예수님을 믿어야 천국에 들어갈 수 있다'고 말해주니, 그 주 주일에 그 친구는 내리교회에 새신자 등록까지 마쳤다.

그런데 그 친구의 경우는 전도해도 문제였다. 예배시간에 도무지 가만히 있지 못해 예배에 방해가 되었다. 무슨 혼잣말을 그렇게 많이 하는지 내가 아무리 자제를 시켜도 도무지 멈추지 않았다. 어떤 때는 벌떡 일어나 본인이 예수님이라며 벽에 딱 붙어 두 팔을 벌리고 서 있지 않나, 또 어떤 때는 갑자기 어디론가 나가버리기도 했다. 예배드리러 온 성도들에게 미안했다.

또 한편으로는 어쩌다 저렇게 정신병에 걸려 아이들이며 남편이랑 행복하게 살지도 못하고, 정신병원에 입원과 퇴원을 반복하는 것일까 싶어, 그 친구가 너무 가여워서 울었다. 나는 나사렛 성전에서 그 자매에게 성경도 가르치고 기도도 가르쳤다. 정신에 문제가 있는 사람이다 보니 그 친구와 교제를 하는 것도 양육도 정말 쉽지 않았다. 하지만 어쩌랴. 천하보다 귀한 한 영혼을 하나님께서 나에게 부탁하셨으니 최선을 다해야지.

하나님이 나에게 보내주신 축복의 통로

나는 날마다 저녁에 그 친구를 만나 밤이면 그녀와 교회에서 나란히 잠을 자고, 새벽기도까지 함께 드리고 아침이면 헤어졌다. 그렇게 그 영혼을 위해 매일 울며 기도했다. 그런데 어느 날부터 그녀가 나에게 매번 이런 말을 했다. "김정희 씨! 이렇게 기도만 하지 말고, 선교사가 되세요. 이러고 있을 사람이 아니에요."

어느 날은 또 이랬다. "김정희 씨. 가정형편도 안 좋아 보이는데 이런 비싼 과일 사 먹을 수 있겠는가." 하더니만 과일을 궤짝으로 사서 머리에 이고 교회로 왔다. 집에 가서 아이들과 먹으라며 나에게 주는데, 나는 정신이 온전치 않은 사람이 어떻게 우리 집 형편까지 다 알아맞히는지 너무 신기하고 놀라웠다. 남들이 보기에는 그저 정신 이상자일 뿐이겠지만, 그 사람 안에 주님이 계시는 것만 같아 깜짝 놀랄 때가 여러 번 있었다.

하루는 교회에 갔더니 나에게 "오늘이 김정희 씨 생일이잖아요! 생일축하해요." 라고 하며 큰 꽃다발 두 개 중 하나를 내 생일 선물이라며 주었다. 그날이 내 생일인지 어떻게 알았을까. 그녀는 그냥 알았다고 하더니, 나머지 꽃다발 하나는 주님께 드리는 것이라고 했다. 그 말에 감사해서 울고, 한편으로는 그녀가 가여운 생각이 들어 하염없이 울었다.

그렇게 몇 년이 지났다. 감사하게 그녀의 믿음도 그사이 자라났다. 주일예배도 잘 드리고, 베들레헴 성전에서 드리는 0시 예배에도 잘 참석했다. 여선교회에서 봉사도 하고, 건강도 많이 좋아졌다. 어느 날은 앉아서 울며 기도하는데, 통곡하는 소리가 들렸다. 그녀는 울며 이렇게 기도했다. "하나님, 저를 불쌍히 여겨주세요. 저도 남들처럼 남편이랑 자녀들과 함께 행복하게 살고 싶어요. 아이들이 너무 보고 싶어요. 하나님, 나를 도와주세요." 그녀의 기도를 들어달라며 나도 옆에서 간절히 중보기도 했다. 그렇게 우리는 몇 년 동안 친구처럼 자매처럼 함께 보냈다.

그러던 그녀가, 어느 날부터 교회에 나타나지 않았다. 걱정이되어 그녀의 집으로 전화 걸어보았지만 전화기의 신호음은 들리는데 도무지 전화를 받지 않았다. 그날 이후 아무리 기다려도 지금껏 그녀를 만나지 못했다. 소리 소문 없이 감쪽같이 사라진 것이다. 대체 왜 어디로 사라진 것일까? 어디서 살고 있을까? 어떻게 살고 있을까? 밥은 제대로 먹고 지내나? 다른 문제는 없을까? 아픈 곳은 없을까? 나쁜 사람들한테 잘못된 것은 아닌지, 혹시 완전히 치유를 받기라도 한 것이라면 정말 좋으련만…. 나는 정말 그녀가 궁금했고 그녀의 근황에 대하여 별별 생각이 다 들었다. 하지만 걱정하지 않기로 했다. 어느 곳에 있든지 하나님이 그녀의 인생 또한 책임져 주실 테니까.

그렇게 하나님은 세상에서 보자면 온전치 못한 그 한 사람을 나에게 부탁하셨고, 그녀와의 교제 가운데 나 또한 기쁘고 행복한 시간을 보냈다. 수년 동안 내가 함께 있었지만 그녀를 돌보신 이는 내가 아니라 하나님이셨다. 하나님이 나와 그녀 사이에서 늘 함께하셨다. 내가 어떻게 정신에 문제가 있는 사람과 날마다 나란히 잘 수가 있었을까를 생각해보면, 그것은 전적으로 하나님의 역사요, 사랑이었다.

나는 그녀를 통해 겸손을 배웠고 그런 약한 자를 사랑하고 이해하는 법을 배웠다. 그녀는 나에게 하나님이 보내신 축복의 통로요, 훈련의 도구였다. 하나님은 나를 훈련하시려고 그 사람을 내리교회로 그리고 나 김정희에게로 보내주신 것이다. 그 하나님께 오늘도 감사한 마음 뿐이다.

부디 그녀가 아무 탈 없이 건강하게 잘 지내고 있기를, 또한 하나님을 놓지 않고 끝까지 믿음 안에 있다가 훗날 주님을 만나기를. 우리의 본향인 천국에서 언젠가 그녀를 다시 만날 생각을 하니 가슴이 벅차오른다. 이 사실을 위안 삼아 이 땅에서의 그리움은 잠시 접어두기로 한다.

"사랑하는 딸아, 고맙다. 수고했다.
이제야 네가 어머니를 사랑하는지 내가 알았다.
이제 너희 어머니 병을 고쳐주겠다."
정말 놀라운 일이었다.
하나님은 내가 어머님을 정말로 용서했는지,
이제는 진심으로 사랑하는지 보시려고
어머님을 치매에 걸리게 하시고,
그 어머님을 모시는 시간을 허락하신 것이었다.

Part
4

예수님의 깊은
가르침대로 살아가다

심은 대로 거두는
하나님 나라의 법칙

사실 그 당시 나는 교회에서 봉사만 할 형편은 아니었다.

무엇보다 재정상태가 좋지 않았다. 어떤 연유로 우리 가정이 많은 빚을 지게 되어 1983년부터 1993년까지 10년 간은 재정의 어려움을 겪었다. 1993년까지 10년 동안 10여 회나 이사를 다녔다. 방이 두 개이던 보증금 300만 원에 월세 18만 원을 근근이 내며 다섯 식구가 살았다.

남편이 월급을 타오면 그 돈으로 월세에 생활비에 빌린 돈의 이자까지 내야 해서 살기가 여간 벅차고 빡빡한 것이 아니었다. 특히 겨울이 문제였다. 연탄도 변변하게 못 피우고 한겨울에도 전기장판 하나로 버텨야 해서 아이들은 오들오들 떨며 지냈다.

참으로 미안했다. 제한된 돈으로 살림을 꾸리려다 보니 어렵긴 했지만 가난 때문에 결코 불행하지는 않았다.

우리 집 형편을 아는 사람들은 기도만 하면 어떻게 사느냐며 당장 취직이라도 해서 돈을 벌어야 되지 않겠냐고 오히려 나보다 나를 더 걱정해 주었다. 그런 주변의 말이 마음에 부담이 되었으나, 나는 감사함으로 열심히 봉사하고 기도하며 주님께 모든 것을 맡기기로 했다.

빈봉투에 써 넣은 300만 원

"주님께 충성하면 하나님이 알아서 채워주실 거야."

하나님의 나라와 의를 먼저 구하는 자에게는 그가 구하는 것을 모두 주신다고 하시지 않았는가? 이스라엘 백성들이 출애굽한 후 광야에서 40년을 보내는 동안 때를 따라 만나와 메추라기로 공급하신 하나님이 아닌가? 출애굽 한 이스라엘 백성들을 묵상하며 나는 기도했다. 하나님께 불평 말고 오직 감사함으로 살자. 훈련 후에 가나안을 주셨듯이 우리 가정이 훈련을 잘 받으면 하나님의 때에 우리에게도 가나안을 주시지 않겠는가? 그런 심정으로 아무리 돈이 궁해도 단 한 번도 십일조를 못 드리거나 밀린 적이 없었다. 빌려서라도 감사함으로 십일조 생활만큼은 꼭 지켰다.

그런데 그 와중에 생각지 못한 재정의 문제가 또 한 번 닥쳐왔다. 1993년 그해에 교회에는 부흥회가 계속 되었다. 나는 빠짐없이 부흥회 예배에 참석했다. 마지막 날, 부흥 강사님은 자녀의 수대로 100만 원씩 작정헌금을 하라고 했다.

누군가는 그것을 놓고 안 좋은 말들도 했지만 나는 믿음으로 기꺼이 헌금을 작정했다. 수중에 돈이 있다면 당장에라도 드리고 싶었다. 그러나 그럴 수가 없었다. 세 자녀를 둔 나는 헌금으로 300만 원이 필요했다. 나는 당장은 드릴 수가 없지만 '주님, 저희 가정에 300만 원이 어디 있습니까. 그건 월세 보증금을 빼야 드릴 수 있는 돈인데요…'하면서도 그 돈을 언젠가는 주시리라 믿고, 믿음의 눈으로 빈 봉투에 자녀 3명의 이름을 써서 기꺼이 주님 앞에 드렸다. 신앙인이라는 나의 주변 사람도 그런 나를 이해하지 못했다. 걱정해주는 그 성도들을 이해할 수 있었다. 당시 300만 원은 우리 집의 보증금과 같은 금액으로서 우리 가정에는 엄청나게 부담이 되는 돈이었으니까.

1994년, 둘째 딸이 대학 수능 시험을 치렀다. 연세대학교에 합격했지만 당장 입학금이 없어 마냥 기뻐할 수만은 없었다. 단돈 10만 원도 없었다. 수납일이 다가와 3일 이내에 입학금을 내야 하는데, 뾰족한 수가 없었다. 남편과 나는 집에서 무릎을 꿇은 채로 서로의 손을 움켜잡고 엉엉 울었다. 몇 시간이 지났을까? 눈을 떠보니 발등에 허물이 벗겨져 있었다. 얼마나 오래 간절하게 무릎 꿇었으면 발등이 까지는 것도 모르고 기도했을까? 한참 기도를 하는데 인기척이 안 느껴졌다. 남편이 안 보였다. 어디로 갔는지도 모르게 기도하다 없어졌다.

하나님의 살아계심을 믿었다. 하나님이 우리와 함께 하신다는 굳센 믿음으로 어려움을 당해도 두려워하거나 신앙이 흔들리지 않았다. 나는 너무 부족한 사람이지만 계속되는 불과 같은 연단들을 통해 하나님은 하나님 보시기에 기쁨이 되는 자녀로 나의 믿음을 더욱더 단단하게 빚어가셨다.

나는 신앙과 믿음에 대한 욕심이 많다. 인생 가운데 만나는 크고 작은 시험 속에서 모두 합격하려면 어떻게 해야 할까? 혈과 육이 아닌 영으로써, 즉 권세 있는 기도로써 마귀와 싸워 이겨야 한다. 우는 사자처럼 항상 삼킬 자를 찾고 있는 마귀에게 빌미주지 않기 위해 가능한 죄의 자리와 시험을 피하고 항상 깨어 긴장하며 살아야 한다. 설령 사람에게 시험을 당한다고 해도 믿음으로 상대를 사랑해야 한다. 그것이 참 그리스도인으로서 우리가 가야 할 길이다.

마귀의 간계를 능히 대적하기 위하여 하나님의 전신 갑주를 입

으라(에베소서 6:11).

예수님을 닮은 사람은 이 모든 시험을 능히 이길 수가 있다.

우리에게는 하나님이 주신 전신갑주가 있기 때문이다.

벼랑 끝에서 드리는 기도

몇 시간이 지났을까. 남편이 현관문을 열고 들어오는 소리가

들렸다. 남편은 거실로 들어서자 마자 손에 돈뭉치를 든 채로 무

릎 꿇고 연신 "하나님 감사하다"고 기도하며 큰소리를 내며 엉

엉 소리 내어 우는 것이 아닌가? '하나님이 입학금을 보내주셨

구나!' 나도 남편 곁에서 같이 한참을 울었다. 시간이 지나 돈이

어디서 난 것인지 자초지종을 묻자 남편은 하나님이 역사하셨다

고 했다.

우리는 팔리지 않던 작은 땅이 있었다. 기도하던 남편은 하나

님께 믿음으로 작정하고 혹시나 하는 마음에 무작정 집근처 부

동산으로 갔다고 한다. 그런데 놀랍게도 우리 땅을 사겠다는 사

람을 만난 것이다. 그는 팔리지 않아 포기했던 그 땅을 무척이나

마음에 들어했고 남편에게 계약하자면 계약금부터 손에 쥐어주

었다고 한다. 그 돈은 딱 둘째딸의 입학금과 같았다.

우리는 벼랑 끝에서는 드린 이 기도에 응답하신 하나님께 감사 기도를 드렸다.

"하나님이 이 모든 일을 하셨으니 우리 가정에도 재정의 축복을 주세요. 둘째 딸이 어려움 없이 대학을 잘 마치도록 해주시고, 그동안 셋방살이를 너무 오래 했습니다. 저희 가정에 집도 주세요. 부흥회 때 약속한 작정헌금 300만 원도 하나님께 드려야 되거든요. 마지막으로 승용차도 한 대 주세요. 하나님 허락해주세요. 축복하여 주시면 늘 감사하고 겸손하게 살겠습니다."

하나님은 십 여년 셋방살이 하며 어렵게 지낸 우리 가정의 간구의 기도를 모두 들어 주셨다. 1994년, 그 해는 하나님께 구했던 기도 응답이 성취된 때였다!

하나님은 심은 대로 거두고 일한대로 갚아주신다고 늘 나에게 말씀하셨다. 막상 직접 벼랑 끝에서 반전의 은혜를 경험하고 보니 하나님의 일하심이 놀라워 내 마음은 기뻤다. 봉사자의 상이 그렇게 큰지를 그때 깨달아 알았다. 나의 기도와 나의 행실을 모두 듣고 보고 계셨다. 그 기도를 이루어 주신 하나님께 감사해 둘째 딸이 입학한 1994년 하반기에 신학교에 들어가 전도사로의 제 2인생을 시작하였다.

뒤늦게 예수님을
만난 시어머니

나는 꼭 천국에 가고 싶고 또한 가야 한다. 그곳에 예수님이 계시고 또 한 가지, 지옥만은 절대 가고 싶지 않다. 그런데 그 좋은 천국 가는 길에 지난날 엄청난 장애물이 내 앞에 버티고 있었다. 시어머니였다. 나에게 시어머니는 큰 장애물이었다. 성경은 분명히 '네 부모를 공경하라. 그리하면 잘 되고 장수할 것이다.'라고 가르치고 있는데, 나는 어쩌면 좋은가.

지난 날 시어머니에 대한 상처로 가득했다. 그때까지만 해도 시어머니만 떠올리면 어떻게 복수할까 생각하며 이를 갈았다. 교회에 다녀도 말씀을 읽고 아무리 기도를 많이 해도 시어머니를 사랑할 수 없는 마음만큼은 도무지 어찌할 도리가 없었다. 시어머니와의 관계 앞에서는 나 자신을 죽이는 것이 너무 어렵고 도저히 양보가 되지 않았다. 이런 나더러 부모를 공경하라니….

하나님이 나를 좀 봐 주실 수는 없을까 하는 간절함과 함께 하나님께 야속한 마음마저 들려고 할 정도였다. 나는 천국에 들어가려고 시어머니를 미워하지 않으려고 성경을 읽고 또 읽었다. 원수까지도 사랑하라는 구절을 자나 깨나 수도 없이 보고 또 보고, 생각하고 또 생각했다. 그러나 원수인 시어머니를 사랑한다는 것이 쉽지 않았다. 나의 자존심을 모두 포기해야 했다. 그것만은 끝내 양보가 안 되었다.

시어머님은 모태 신앙인이었다. 예배란 예배는 절대 빠지는 법이 없이 교회와 예배에 충성하던 분이셨다. 강대상의 꽃꽂이며 교회 봉사에도 얼마나 열심이셨는지, 교회 안에서 그분을 따를 자가 없었다. 무엇 하나 사람들의 눈에 모자란 것이 없어 보일 법한 사람이었다. 단 한 사람, 며느리인 나만 빼고 말이다. 나의 눈에 비친 어머니의 모습은 한 마디로 이중인격자였다. 어머니의 가장 가까이에서, 평소 집 안에서의 적나라한 모습을 볼 수 있는 사람은 그 어느 누구도 아닌 '나'였다.

사람들에게 어머니의 이중성을 속 시원히 폭로하고 싶을 때도 있었다. 그 두 모습을 모르고 어머니를 칭찬하는 모습을 보면 정말 견딜 수가 없었다. 하루에 몇 시간씩 울고불고 부르짖으며 기도해도 정말 어머니를 용서하기란 어려웠다. 미워했다가 용서하기를 수 없이 반복하며 나 자신과의 싸움을 수도 없이 했다.

그런 내 나이 30세 초반에, 그리고 시어머니의 연세 65세 정도에 어머니는 갑자기 서울시립병원에 입원하게 되었다. 병원 측은 어머니가 전염병에 걸려서 가족들과의 면회는 안 된다고 속 시원히 알려주었다. 얼씨구나! 해방감과 함께 평생 처음 행복감을 맛보았다. 정말 얼마나 속이 후련하고 기쁘던지…! 당분간 시어머니의 모습을 안 봐도 된다고 생각하니 별별 일을 다 겪는다고 해도 이 땅도 천국이라는 생각이 들었다.

순한 양 같이 변한 시어머니

1년 후, 시어머니는 퇴원하셨다. 뼈에 살가죽만 입힌 앙상한 모습이었다. 그렇게 끔찍해하던 나였는데 시어머니를 보는 순간, 얼마나 가엾던지 이상하게 마음이 녹기 시작했다. 나는 순한 양같이 변한 시어머니를 보고 깜짝 놀랐다. 내가 만난 시어머님 안에는 예수님이 살아계셨다. 나는 어머님께, 이제 서로 미워하지 말고 용서하고 사랑하자고 말씀드리고는 어머님을 붙들고 울었다.

홀로 병원에서 머문 1년 동안 참 놀라운 일을 경험했음을 어머니에게서 곧 듣게 되었다. 그래서 그 사이 어머니는 완전히 다

하나님의 딸, 정희 ●

른 사람이 되어 있었다.

시어머니는 환상 중에 예수님을 만나셨다. 그런데 예수님은 시어머니에게 성경책을 들려주시며 "예수 믿어라."라고 하셨다는 것이 아닌가. 그 말에 어머니는 당시에 상당히 충격 받은 모양이었다. 예수님의 말씀인 즉 예수님이 보시기에 그동안 시어머니의 모습은 예수님을 믿은 것이 아니라는 뜻이 아닌가.

예수님의 눈에는 시어머니는 교회 마당만 밟고 다닌 성도였던 셈이다. 다시 말해 성경을 들고 교회에 왔다 갔다만 했을 뿐, 예수님이 보시기에 시어머니는 '불신자'였다는 사실이다! 시어머니가 받은 충격 이상으로 나도 예수님이 시어머니에게 하셨던 그 말씀에 너무 놀랐다. 내가 그 당시 신앙인이라면서 이중인격자인 시어머니를 보며 '예수 믿는다는 사람이 왜 저래?' 했던 생각이 틀리지 않았었구나. 그때 시어머니는 나를 제외한 누가 보기에도 겉으로는 신실해 보이는 교회집사였지만, 예수님은 진실을 알고 계셨던 것이다. 사람의 눈은 속일 수 있을지언정 우리 중에 누구도 예수님의 눈은 속일 수 없다.

시어머님은 교회 일이라면 발 벗고 나서서 죽도록 충성하는 사람이었다. 그런데 그런 어머니를 주님은 어떻게 보시는가. 어머니 당신은 예수님을 믿고 따른다고 했지만, 그동안 어머니가 하셨던 행위는 어머님 쪽에서의 열심이었을지는 몰라도 '믿음'

이 아니요, 정작 하나님이 받으시거나 기뻐하시는 모습은 아니었던 것이다. 본인이 예수님을 믿었고 "주여 주여" 했다고 백날 주장해도 정작 주님이 나는 너를 모른다고 하면 무슨 변명이 더 필요하리오.

어머니의 지난 신앙생활은 심판자인 예수님께서 보자면, 어머님 당신 딴에는 잘 했다 칭찬받을 만하다 생각하고 교회와 목회자에게 죽도록 충성은 했을지 몰라도, 어머니가 믿고 따른 사람은 예수님이 아니었으며 실상은 마귀 짓을 하신 것이었다. 그러나 정작 자신이 그런 사람인 줄 몰랐다며 당신의 삶을 회개한 그때 어머님의 고백을 통해 내가 깨닫게 된 사실은, 신앙생활에 특심을 가진 것으로 보이는 사람이 믿음의 문제에서 실상은 오히려 더 위험할 수 있다는 사실이었다.

아주 뒤늦게이지만, 오랜 신앙생활 끝에 다행히 시어머니는 65세에 병실에서 만난 예수님을 통하여 당신의 신앙생활과 삶을 모두 회개 하셨고 성령체험까지 하셨다.

돌이켜 보면 어머니가 과거에 그렇게 하신 것은 하나님을 사랑하는 어머니만의 표현이지 않았을까 싶다. 모르긴 해도 아마 하나님은 그 전에 어머니가 행했던 잘못된 열심을 완전히 무효로 하시는 분은 아닐 것 같다. 회개하셨으니, 과거에 하나님을 향한 어머니의 그 열심만큼은 상급으로 인정해주시지 않을까.

치매 시어머니와
진정한 회복

어머님의 나이 75세에 갑자기 치매가 찾아왔다. 예수님을 믿고 따르는 참 신자가 되었는데, 그런 어머니가 치매에 걸리다니 안타까웠다.

나는 일주일 작정 기도를 했다. 형님이 너무 힘들 것 같으니 치매에 걸린 시어머니를 나도 모시게 해달라고, 그래서 형님과 그 가족이 좀 쉬게 해달라는 기도였다. 기도를 마치고 어머님을 모시러 형님 댁에 갔지만 바로 위의 형님인 둘째 시숙은 한사코 거절하셨다. 하는 수 없이 그날은 헛걸음했다. 며칠 후 다시 찾아가 시숙이 모르게, 또 우리 집 아이들에게도 상의 없이 일방적으로 어머님을 우리 집으로 모시고 왔다.

할머니가 집에 오시자 우리 집 세 딸은 바짝 긴장했다. 아이들은 치매에 걸린 할머니와 앞으로 어떻게 함께 살아가야 할까 싶어 암담한 표정이었다. 솔직히 나 자신도 막막하기는 했지만, 하나님이 기뻐하시는 길이면 어머니를 모시고 살아야 할 이유가 그것으로 충분했다. 딸들을 빙 둘러 앉혀놓고 할머니에게 각별하게 잘해드려야 한다며 당부했다.

"성경에 보면 네 부모를 공경하라. 그러면 네가 땅에서 잘되고 장수한다고 하셨다. 그런데 할머니가 노환으로 병이 드셨다. 병원에서도 고칠 수가 없다니 어쩌겠니? 큰집에서 1년, 우리 집에서 1년을 돌아가면서 할머니가 세상 떠날 때까지 모셔야지. 할머니가 우리 집에서 사는 것이 힘이 들 수도 있다. 하지만 생각해 보거라. 우리도 언젠가 저렇게 늙고 병도 든다. 할머니라고 저렇게 되고 싶으셨겠니? 하나님이 나에게 부모를 공경할 마지막 한 번의 기회를 주셨다. 나도 부모를 공경하여 땅에서 잘 되고 장수하고 싶다. 그러니 너희들이 엄마를 도와주거라. 하나님은 지금 우리의 모습을 지켜보시고 계신단다."

이렇게 딸들에게 당부하고 얘기를 나누며 이후에 일어날 일들은 주님께 맡기기로 함께 기도했다.

긍휼한 마음을 부어주신 하나님

치매는 생각보다 훨씬 심각하고 고단한 질병이다. 당사자도 힘들겠지만 가족들이 겪는 불편함과 괴로움은 말로 다 표현할 수 없다. 어머님은 저녁이면 식구들을 더 괴롭혔다. 회사에 출근을 해야 하는 남편을 생각해 하는 수 없이 남편더러는 교회에 가서 자라고 하고 자녀들은 방문을 꼭 잠그고 자도록 일러두었다.

시어머니는 날마다 거짓말에 엉뚱한 소리나 끔찍한 소리를 하셨다. 식사는 하루에 무려 7~8차례나 드셨다. 식사를 끝낸 지가 언제라고 돌아서기 무섭게 "왜 밥 안 주느냐"며 생떼를 쓰시는 통에 정말 기가 막힐 노릇이었다. 그러나 당신의 뜻과 상관없이 까맣게 기억을 잊은 사람에게 말해본들 무슨 소용이 있으리오.

시어머니는 잠시도 가만히 계시지를 못하고 돌아다니면서 걸핏하면 일을 저지르셨다. 가스 불을 켜놓고 불장난하는 건 예사였다. 내가 어머니의 손을 꼭 잡지 않으면 언제 일어나 무슨 일을 저지르실지 몰랐다. 그 탓에 나는 잠시도 방심할 틈이 없었다. 갓난아기를 돌보는 것처럼 도무지 어머님에게서 눈을 뗄 수 없었다. 갓난아기는 위험한 일을 저지르고 다니지나 않지, 어머니는 위험한 일을 찾아서 하고 다니니 더 문제였다. 이 와중에 어린아이처럼 밤새 놀자고 조르는 바람에 나는 많은 날을 어머니와 거실에서 밤새 놀아드렸다. 문제는 우리 집에서 시어머니의 불침번은 오직 한 사람, '나' 뿐이라는 사실이었다.

치매에 걸린 어머님을 모시고 온 것도 나이고, 나 혼자 알아서 돌볼 테니 각자 자기 일이나 열심히 하라고 등 떠민 것도 나였지만, 어머니와 함께 한지 열흘쯤 지나자 그 생활이 더는 견디기가 어려웠다. 무엇보다 잠이 너무 부족했다. 불신자라고 해도 이쯤이면 절로 신(神)을 찾게 될 사태였다. 나는 하나님께 나의 이런 상황에 대하여 하소연했다.

'하나님, 제가 불쌍하지도 않으셔요? 너무 힘들어서 견디기가 어렵습니다.'

하나님의 음성이 들려왔다. 따뜻한 음성이었다.

"사랑하는 내 딸아, 내가 다 보고 있다. 너희 어머니가 네가 낳은 하나밖에 없는 어린 딸이라면, 어떻게 하겠니? 네가 낳은 딸이 저런 병에 걸렸다면, 잠인들 마음 놓고 자겠니? 밥인들 맛있게 먹겠니? 한번 생각해 보거라. 네 어머니를 보고 있는 내 심정이 많이 아프다. 사랑하는 내 딸아, 네가 힘들어 하는 모습을 내가 다 보고 있다. 너희 시어머니도 내 딸이다. 내가 그도 사랑한단다."

그 음성을 듣고 나니 갑자기 힘이 생겼다. 피곤하지도 않고 견딜 수 없이 시어머니가 가여워 보였다. 그 뒤로는 시어머니가 정말로 어린 딸로 보여서 얼마나 불쌍한지 몰랐다. 불쌍하고 안타까운 마음에 나는 시어머니의 가슴에 손을 살며시 얹고 기도했다.

'주님, 우리 어머님을 고쳐주세요. 평생 예수님을 믿었는데, 치매에 걸려 이제는 하나님도 모른다고 하시고 예수님이 누구냐고 하시니 어찌하면 좋겠습니까? 이러다가 돌아가시면 꼭 지옥에 가실 것 같아요. 주님, 우리 어머님을 살려주세요.'

2개월쯤 지났다. 그날도 시어머님의 가슴에 살며시 손을 얹고 기도하는데 어머님이 벌떡 일어나시더니 "막내 애미야."하고 다정한 소리로 나지막하게 부르시더니 "그동안 수고했다. 지금까지 네가 나한테 어떻게 했는지 다 안다. 밥도 잘 주고 놀아주고 기도해주고 친구 해주어 정말 고맙다. 정말 너는 예수를 잘 믿는구나. 너 때문에 내가 살았다. 정말 미안하다. 너를 힘들게 해서 미안하다…"고 하시는 것이 아닌가! 어떻게 이렇게 멀쩡하게 말씀을 하실 수가 있지? 그동안은 아들도 손주들도 잘못 알아봤는데 이제 정신이 돌아오신 건가? 그때 주님이 말씀하셨다.

"사랑하는 딸아, 고맙다. 수고했다. 이제야 네가 어머니를 사랑하는지 내가 알았다. 이제 너희 어머니 병을 고쳐주겠다."

정말 놀라운 일이었다. 하나님은 내가 시어머님을 정말로 용서했는지, 이제는 진심으로 사랑하는지 보시려고 어머님을 치매에 걸리게 하시고, 그 어머님을 모시는 시간을 허락하신 것이었다. 그것은 나를 사랑하시고 어머니를 사랑하시는, 우리 각자를 향한 하나님의 은혜였다.

그때 나는 시어머님 앞에 무릎 꿇고 끌어안으며 "어머님, 용서해 주세요. 어머님에게 효도하지 못했고 어머님을 사랑하지 못했습니다."하고 용서를 빌었다. 어머니는 아니라고 오히려 당신이 미안하다고 하셨다. 우리는 서로 부둥켜안고 울었다. 그날 이후 왜 그렇게 어머님이 사랑스러운지! 그렇게 시어머님과 나는 진심으로 화해하고 서로 사랑하는 시간을 가졌다.

차마 전하지 못한 말

건강해진 시어머니는 둘째 형님네로 가시기 전에 조용히 남편을 따로 불러 말씀하셨다고 한다. 무슨 말을 하시려는지 몇번이나 주저하시던 시어머니는 남편에게 지난날 석모도에서 시집살이를 심하게 시켰던 일들이 자꾸만 떠오른다고 했다. 그때 일을 생각할수록 본인이 참 모질게 했다면서 며느리 얼굴을 보고 미안하다고 말하고 싶은데 차마 그 말이 안 떨어진다고 며느리에게 꼭 이 말을 전해달라고 하셨다고 한다.

"아들아, 내가 참 못된 년이었다. 그 어린 스무 살 며느리를 왜 그리 미워했을까 싶다. 지난 날 내가 한 죄를 용서해다오. 며느리 얼굴을 보면 도저히 말이 떨어지지 않으니, 네가 나 대신 며느리에게 용서를 구해다오. 미안하다고 꼭 말해다오."

어머니는 그렇게 나에게 용서를 구하셨다. 아들인 나의 남편을 통해서……. 그때 남편은 석모도 때 일을 옆에서 본 적이 없었기에 크게 신경쓰지 않아 했고 어머니께는 괜찮다고 하면서 위로를 했다고 한다.

그 후로도 어머님은 멀쩡한 정신으로 86세까지 건강하게 사시다가 어느 날 문득 하늘나라로 가셨다.

주님을 만나서 지난 날을 돌아보니, 나는 어머니 밑으로 보내진 훈련생이었다. 내가 모세처럼 훈련받은 것이라면 어머니는 모세에게 붙인 바로 왕 같은 악역을 하신 것이었다. 그러나 감사하게도 어머니는 사울이나 바로 왕이 되어 하나님께 쓰임 받다가 버림받은 것으로 끝나지 않고, 초대교회를 핍박한 바울처럼 예수님을 모른다고 부인한 베드로처럼 회개함으로 변화되어 주님께 쓰임 받으신 것이었다. 할렐루야!

사람들은 치매를 치료를 받아도 낫지 않는 병이라고들 알고 있다. 그래서 부모가 치매에 걸리면 병원에서 치매 판정 받기가 무섭게 거의 요양병원으로 모시려고 든다. 성도들이라고 크게 다르지 않은 것 같다. 그런 상황에서 성도라면 부모님의 치매를 고쳐달라고 당연히 기도해야 한다.

하나님께서는 우주 만물과 사람을 창조하신 분이고, 사람의 죽고 사는 문제도 하나님께 달려 있으며, 죽은 자도 살리시는 분이며, 사람이 어떤 병에 걸렸던지 하나님이 하시고자 하시면 못 하실 일이 없으신 능력의 주님이신 사실을 다 알고 믿는다고 하면서도 왜 그들은 기도하지 않는가. 하나님이 능력이 없으셔서 병을 그냥 두시는 것이 아니다. 하나님은 우리들의 중심을 살피신다. 부모에게 치매를 주신 것도 자녀가 부모님을 얼마나 공경하고 사랑하는지를 지켜보시기 위한 것이다. 이처럼 하나님은 모든 상황 가운데 우리가 그 문제를 들고 그분께 기도로 나아오기를 원하신다.

불교 집안의
종갓집에 시집간 딸

기독교 신자라면 누구나 자녀가 예수님을 잘 믿는 배우자를 만나 결혼하기를 바란다. 나 역시도 딸의 신랑감은 당연히 대대로 예수님을 잘 믿는 집안에 술과 담배를 안하는 사람과 결혼하기를 바라며, 자녀의 혼사 문제를 놓고 지속적으로 기도해 왔다.

어느 날 딸이 신랑감이라며 한 청년을 데리고 왔다. 그런데 이를 어쩌면 좋은가. 1년에 제사가 몇 번이나 있는 불교 집안의 종갓집 장남에, 배우자로 기독교인은 절대 반대하는 집안이었다. 앞이 캄캄하고 속상해서 어안이 벙벙했다. 하나님께도 실망했지만 곧바로 금식 기도를 했다.

'하나님, 어찌하면 좋습니까? 큰딸은 결혼을 꼭 해야 한다고

고집을 부리는데, 아무리 말리고 설득을 해도 듣지를 않습니다.'

하나님의 반응은 뜻밖이었다.

"그 집으로 시집을 보내거라. 네 딸이 그 집에 시집가면 그 가정이 모두 구원을 받게 된단다. 나는 네 딸을 선교사로 그 가정에 보내는 것이니 너는 기도만 하거라."

'주님, 안 돼요. 우리 큰딸은 믿음이 없어서 그 집안으로 시집가면 전도는커녕 오히려 교회도 못 다니게 될 텐데요.'

"그럼 네가 그 집에 가서 복음 전할래?"

이건 또 무슨 말씀인가. 결국 나는 주님의 말씀에 순종했다. 다행히 결혼식은 목사님의 주례로 진행했다. 또, 처음부터 시댁에서 분가해 살기로 해서 딸은 주일예배를 신랑과 함께 지킬 수 있었다. 별 탈 없이 지나가나 했는데, 딸네 시댁의 제삿날이 돌아왔다. 큰딸은 3대째 기독교 가정에서 자란 탓에 제사가 무엇인지 본적도 들은 적도 없었다. 제사에 참여는 안했지만 제사 음식을 돕는 일은 해야 했다. 딸이 시집간 지 어느덧 3년이 지났다. 그때까지 딸의 시댁 식구 중에 누구 하나 예수님을 믿을 기미조차 안 보였다. 나는 우상을 섬겨야 하는 딸의 삶 가운데 하나님이 일하시지 않는 것 같아 마음을 졸였다. 저러다가 정말 딸까지 신앙을 잃게 될까봐 속이 타들어 갔다.

딸이 시집간 지 5년째인 어느 날이었다. 시부모님이 가족회의에 오라고 해서 큰 딸네도 갔더니 사돈 어르신이 하시는 말씀이, "애경아, 네가 믿는 하나님을 우리 모두 믿기로 했다. 너의 친정어머니에게 여쭈어 보아라. 우리 모두 어느 교회로 가야 하는지."

세상에, 그토록 듣고 싶던 소식을 사돈의 입에서 저절로 나오도록 인도해주셨다. 내가 추천해드린 대로 사돈댁인 시어머니와 사위의 동생은 각각 집 근처의 도화감리교회와 주안장로교회에 등록을 했다. 그날 이후, 사돈댁은 제사를 안 드리고 예배를 드렸다. 기적이 일어난 것이다. 하나님은 나의 기도를 들어주셨다. 나는 꿈을 꾸는 것만 같았다.

그동안 아무 소식도 없다가 어떻게 온 가족이 한꺼번에 몇 년 만에 예수님을 믿겠다고 작정을 했을까? 큰딸이 전도한 걸까? 너무 궁금해서 큰딸에게 물었더니 딸은 한 번도 예수님을 믿으라고 한 적이 없다고 했다. 그런데 어떻게 온 가족이 예수님을 믿기로 마음을 먹었을까? 너무 신기하고 한편으로는 의문이었다.

딸과의 그다음 대화에서 나는 답을 찾을 수 있었다. 큰딸은 주일 낮 예배를 마친 뒤면 남편과 함께 늘 시댁에 갔다. 출산 후에도 주일마다 아기를 데리고 시댁에 가서 시댁 식구들이랑 점심을 먹고 시어머니와 이런저런 대화를 나누고 집으로 갔다. 시부모와 온 가족이 큰딸의 행실에 감동을 하여 큰딸을 통해 하나님의 살아계심을 깨닫게 하신 것 같았다. 내 딸이지만 참 기특하다는 생각이 들었다. 그렇다. 우리가 하나님을 감동하게 하면 하나님이 시대를 감동하게 한다!

5년이라는 시간이 걸리기는 했지만, 하나님은 그분의 때에 큰딸의 가족을 그렇게 믿음의 자리로 불러주셨다. 그것은 한 불교집안의 종갓집에 찾아온 기적이었다.

손녀딸을 위한
긴급한 기도

살다 보면 하나님의 원리는 우리의 생각과 다를 때가 많음을 경험한다. 손녀딸의 경우 또한 그러했다.

손녀가 초등학교 6학년이던 시절, 손녀는 학교의 반 아이들 3명의 주도로 반 아이들에게 왕따를 당하는 어려움을 겪었다. 손녀는 평소에 말이 없고, 착하고, 공부도 반에서 뒤떨어지지 않는 성실한 아이였다. 손녀를 왕따 시킨 세 아이는 끊임없이 손녀를 괴롭혔다. 자기네 숙제를 대신 해오라는 건 기본이고 방과 후면 책가방을 대신 들라고도 했다. 교실에서는 손녀를 엎드리게 한 뒤 등에 올라타기를 하고 손녀가 말을 듣지 않으면 구타까지 하는 등 온갖 못된 짓을 일삼았다.

견디다 못한 손녀는 어느 날, 내 딸인 자기 엄마에게 이 사실을 울며 고백했다. 엄마에게 그 말을 하기까지 그동안 손녀딸이 얼마나 마음고생이 많았을까. 아이들이 너무 무서워 도저히 학교에 갈 수 없다는 말을 듣고 내 딸은 정말 크게 충격을 받았다. 우리 아이가 어쩌다 이렇게 되었나, 이게 어찌 된 일인가! 내가 이 세상을 다 얻는다고 해도 자식이 잘못되면 그것이 어찌 하나님의 뜻이겠는가?

손녀딸을 위해 딸은 당장에 직장을 그만두었다. 손녀에게는 "엄마는 날마다 학교에 있는 거야. 네 눈에는 안 보여도 어디엔가 있으니 절대 두려워하지 말고 안심하고 공부만 해."라고 일러두었다. 직장을 그만둔 뒤로는 날마다 기도하고 반성하면서 아이와 함께 학교에 갔다. 또한, 자원하여 학부모 모임에 들어가 부지런히 활동하는 식으로 제 딸을 응원하며 아이에게 용기를 북돋우어주자 손녀는 조금씩 안정을 찾아갔다.

나 역시도 딸과 함께 날마다 눈물로 기도했다. 손녀딸이 학교생활을 잘할 수 있게 해달라고, 중학교 진학을 앞두고 있는데 부디 그 아이들과 같은 학교로 배정받지 않게 해달라고 기도하며 마음을 놓고 있었다.

중학교 배정 일에 우리는 청천벽력과도 같은 소식을 들었다. 반 아이들은 거의 다른 학교로 배정을 받았는데, 하필이면 그 괴

하나님의 딸, 정희 ●

롭히던 세 아이가 손녀딸과 같은 중학교로 다시 배정을 받은 것이 아닌가. 우리 셋은 너무 실망하고 슬프고 가슴이 아프다 못해 마음이 무너졌다. 초등학교만 마치면 이 고통이 끝날 줄 알았는데 중학교 3년을 또 함께해야 한다니. 우리 손녀에게 무슨 죄가 있다는 말인가. 앞으로 또 얼마나 가슴 졸이며 두려움 속에 학교에 다니겠는가. 손녀딸이 가여워 견딜 수가 없었다. 손녀 때문에 가슴 아파할 우리 딸은 또 어쩌란 말인가. 어떻게 이 3년을 또 견디고 버텨야 한단 말인가….

하나님께서는 곧 빌립보서 말씀으로 우리에게 용기를 주셨다.

아무것도 염려하지 말고 다만 모든 일에 기도와 간구로 너희 구할 것을 감사함으로 하나님께 아뢰라(빌립보서 4:6).

그러면서 "아이들이 몰라서 그러는 것이니 그 아이들을 위해서 기도해라." 하고 위로해 주셨다. 생각해보니 손녀를 기도하며 내가 놓친 것이 한 가지 있었다. 그 아이들을 위해서도 기도한다고는 했지만 손녀를 위한 기도만큼 하지는 않았다. 그것을 회개하고 이번에는 하나님 말씀에 순종해 손녀는 물론 괴롭히는 그 아이들을 위해서도 정말 열심히, 간절히 기도했다. 예수님을 믿고 착하게 살게 해달라고, 손녀딸을 괴롭히지 말아 달라고.

기도의 응답일까? 기도의 내용을 바꾸고 나자 아이들은 정말 달라졌다. 더는 손녀딸을 괴롭히지 않았다. 지금은 대학생이 된 손녀는 그 뒤로는 마음 놓고 학교에 다니며 명랑하게 학창 시절을 누리며 건강하게 잘 자랐다. 하나님은 손녀딸을 우리 가정에 선물로 주심으로 우리에게 그 아이를 위해 기도하게 하시고 또한 응답하시는 하나님을 경험하게 하셨다.

손녀의 사건을 통해 딸과 나는 '하물며 우리가 낳은 피붙이 한 명도 주변의 괴롭힘이나 이런저런 상황으로 아픔을 당하면 이렇게 마음이 아프고 그 아이를 위해 못 해줄 것이 없는데, 우리를 창조하시고 우리의 머리카락 하나까지도 세시며 우리의 마음속 깊이까지도 훤히 들여다보시는 우리 하늘 아버지의 심정은 오죽하실까?'하는 마음을 다시 한번 깨닫게 되었다. 그러니 그분이 사랑하시는 하나밖에 없는 외아들을 죄 가운데 있는 이 인류를 위해 기꺼이 희생시키시지 않으셨는가. 그 한량없는 은혜를, 우리의 삶을 에워싸고 계신 그 하나님의 은혜를 무엇으로 갚으리오. 어찌 다 갚으리오.

우리의 뺴은
하나님의 블랙박스

어느 날, 남편에게로 전화가 걸려왔다. 경찰서라니 난생처음 있는 일이었다. 무슨 일일까. 남편은 잘못이 없다며 누차 자세히 설명했지만 통화 끝에 경찰은 남편의 말을 믿을 수가 없으니 일단 경찰서에 와서 진술하라고 했다. 경찰은 남편더러 며칠 몇 시에 남편이 뺑소니, 음주, 신호, 차선 위반을 동시에 했다며, 며칠에 경찰서로 들어오라고 했다.

단순 신호위반도 아니고 음주 사고에 뺑소니라니…. 신앙이 생긴 뒤로 남편은 술 근처에도 가지 않은 사람이었다. 잘못한 것이 없는데도 경찰서 출두 명령을 받으니까 떨려서 우리는 하나님께 간절히 기도했다. 하나님, 우리는 어찌하면 좋겠습니까. 주님은 다 아시잖아요. 주님은 그 현장 다 보셨잖아요….

사고일이 언제였을까? 집 앞에서 차로 유턴을 하던 중에 생긴 일이 떠올랐다. 수요예배를 마치고 집으로 가던 길이었다. 유턴 하려는데, 옆 차선에 서 있던 택시가 갑자기 우리 차 앞으로 끼어들었다. 그 바람에 우리 차가 그 택시를 살짝 받았다.

누가 보더라도 택시의 과실이었다. 사고 정도가 심하지 않아서 나는 남편에게 그냥 집으로 가자고 했다. 택시 운전을 해서 한 달에 얼마나 벌겠는가. 우리가 신고를 안 하면 없던 일이 되니 우리 차는 우리가 알아서 수리를 받고 택시는 기사가 알아서 수리받으면 되지 않겠느냐고 덧붙였다. 택시 기사를 생각해서 한 말이었다. 남편도 내 말을 따라 아무 문제 될 것이 없었다. 심지어 우리 부부는 그 사건을 두고 오히려 우리가 착한 일을 했다고 생각하여 기쁜 마음으로 집에 돌아와 정말 까맣게 잊고 있었다. 그런데 웬 날벼락이란 말인가.

막상 경찰서에 가보니 돌아가는 상황이 우리에게 불리해 보였다. 택시 기사와 우리 사이의 사고(?) 현장을 목격한 목격자도 없고, 남편의 차에 달아둔 블랙박스의 기록마저 우리가 잘못 만진 탓에 모두 지워진 상태였다. 우리의 진실을 뒷받침해줄 증거가 아무것도 없었다. 택시 기사를 탓할 수만도 없고, 의지하고 매달릴 것이라고는 주님밖에 없었다. 남편과 나는 며칠 동안 열심히 기도했다.

'주님, 우리와 함께 경찰서에 가셔서 이 모든 문제를 해결 좀 해주세요.'

기도해도 주님은 보이지도 않았고 주님의 음성 또한 들리지 않았다. 하지만 우리는 주님이 우리의 억울한 기도를 들어주셨다고 믿었다. 그 믿음을 붙들고, 출석 날짜가 되어 주님을 모시고 함께 경찰서에 출석했다.

응급 기도

경찰서에서 나는 억울함을 호소하며 이렇게 진술했다. "남편은 내리교회 장로이고, 나는 기독병원 전도사다. 우리는 하나님의 말씀대로 살려고 노력하는 사람들이고, 그날은 수요일이라 저녁 예배를 드리고 집으로 오는 길이었다. 그런데 어떻게 남편이 음주하겠는가?"

경찰은 시끄럽다며 내 말을 자르고는 저쪽으로 가서 앉아 있으라며 버럭 고함을 질렀다. 나는 무안해서 말을 멈추고 경찰이 시키는 대로 했다.

그때였다. 시시비비를 가려야 하는 장본인인 젊은 택시 기사가 우리 부부에게 다가와서 대뜸 한다는 말이 "인간이 그렇게 살지 마세요!"하며 소리를 치는 것이 아닌가. 억울해서 기가 찼지만 난생처음 온 경찰서인지라 겁이 나고 주눅이 들어 아무 말도 못 한 채 앉아서 그대로 당하고 있었다.

곧 경찰이 남편과 택시 기사를 번갈아 보아가며 자초지종을 물었다. 그 순간 나는 택시 기사 얼굴을 바라보며 보통 화살기도 라고들 하는 '응급 기도'를 했다. 하나님께 저 택시 기사가 정직 하고 진실하게 말하도록 그의 생각을 주장해 달라고 간청했다.

놀라운 일이 벌어졌다. 택시 기사가 돌변을 하여, 저쪽은 아무 잘못이 없고 내 잘못이라고, 내가 다 잘못한 것이라고 말하는 것 이 아닌가. 경찰은 그런데 신고는 왜 했느냐고 버럭 소리를 지르 며 이번에는 기사에게 따져 물었다. 무고한 사람을 신고한 것 때 문에 기사는 경찰에게 혼쭐이 나고 있었다. 기사는 순순히 '나도 모르겠다고, 내가 잘못하고 내가 왜 신고를 했는지 그런 자신이 이해가 안 간다'는 듯한 뉘앙스로 엉뚱한 말을 했다.

옆에서 보다 못한 내가 한술 더 떠 경찰에게 말했다. "그것 보 세요. 우리 남편은 내리교회 장로고요, 나는 기독병원 전도사라 고 했잖아요!" 그렇게 말하고 나니 어쩐지 기사가 안 되어 보여 경찰을 향해 벌을 가볍게 주시라고 부탁하며 오늘 여기 오느라 영업을 못 해서 돈도 얼마 못 벌었을 텐데 저녁 식사값이라도 얼 마 드리면 안 되겠느냐고 물었다.

"저 사람 지난달에도 사고 내서 50만 원이나 벌금 냈어요. 돈이 있으면 몇만 원이라도 주세요."

그런 다음 경찰은 우리에게 "예수를 잘 믿으시는 분들이군요."하고 칭찬했다. 경찰의 조언대로 기사에게 돈을 건네며 우리는 내리교회에 다니는 사람이라고 말했다. 우리가 건넨 돈을 받으며 기사는 미안하고 고맙다며 인사했다. 그렇게 그 사건을 잘 마무리하고 우리는 그 기사와 악수하고 헤어졌다.

경찰서라는 말을 들었을 때 처음엔 가슴이 철렁했는데, 하나님은 경찰서까지 우리와 동행해주시고 상황을 아름답게 반전시켜주셨다. 덕분에 우리를 통해 하나님의 영광을 드러내는 사건이 되었다. 사건이 아무 탈 없이 무사히 해결된 것도 감사하고 기뻤지만, 무엇보다 하나님의 영광을 드러낸 기회가 된 것 같아 정말 행복했다.

7cm의 암이 가져온
회개와 기적

    어려서부터 교회는 다녀도 믿음이라고는 없던 딸 중의 하나가, 결혼 후에는 작은 사업을 하느라고 바쁘다는 핑계로 주일성수를 못 했다. 딸의 신앙생활이 이만저만 걱정인 것이 아니어서 말씀으로 가르쳐 보기도 하고, 예배에 빠지지 말라고 여러 차례 권면도 하고, 사업체에 가서 예배를 드려보기도 했지만 좀처럼 말을 듣지 않았다. 저렇게 일에만 얽매여 살다가 주님의 품을 완전히 떠나면 그때는 어쩌나 싶어, 우리 딸 좀 만나 달라고, 주일성수도 할 수 있게 해달라고 시간을 정해놓고 날마다 하루 2시간씩 부르짖어 기도했다.

    내가 병원 사역을 하던 시기였다. 아침 7시면 집에서 나가 전도 사역을 하는 병원에서 온종일 환자들에게 복음을 전하고 기도와 상담을 했다. 그러고 나면 정말 파김치처럼 지쳐버렸다. 그렇다고 딸의 영혼 구원을 위한 기도의 끈을 놓을 수는 없었다. 병원 사역을 마치고 퇴근하면 본교회로 가서 필사적으로 기도하며 매달렸다.

딸의 신앙 문제를 놓고 애타게 기도한 지 3년쯤 지났다. 하루는 내 꿈에 그 딸이 나왔다. 꿈속에서 딸은 7세쯤 된 어린아이의 모습이었는데 마귀들에 의해 어디론가 끌려가고 있었다. 딸은 "엄마, 살려줘! 엄마는 천국으로 가고 있는데 나는 지금 마귀에게 끌려가고 있어. 엄마, 제발 나 좀 살려줘!"라고 슬퍼하며 겁에 질려 우는 것이 아닌가. 딸이 마귀들에게 끌려가는데도 나는 그 모습을 멀리서 바라보며 "아무개야 아무개야 끌려가면 안 된다"고 마냥 울부짖을 뿐, 몸이 말을 듣지 않아 내가 할 수 있는 것이라고는 아무것도 없었다.

꿈이었다. 다행이기는 했지만 그것은 분명 영적인 꿈이어서 마음이 안 좋았다. 다음날 꿈속에 그 딸이 또 등장했다. 딸은 성경책을 손에 들고 어디론가 달려가고 있었다. 어디로 가는 것일까. 어디를 가느냐고 묻자 딸의 대답이 이상했다. "엄마. 나, 지금 너무 급해! 빨리 교회 가야 해!"하며 계속 달려가는 것이 아닌가.

딸에게 분명 무슨 큰 문제가 생긴 것이 틀림없었다.

잠에서 깨자 걱정이 되어 그 딸에게 안부 전화를 걸어보니, 딸은 아무래도 병원에 가봐야 할 것 같다며 힘없이 말했다. 딸의 가슴에 큰 덩어리가 만져져서 검사해보아야 할 것 같다는 것이었다. 나는 딸을 데리고 바로 병원으로 갔다. 진단 결과, 유방암 3기 말이었다. 벌써 전이가 많이 되었다니, 눈앞이 캄캄했다.

나는 병원 사역을 13년이나 한 전도사였다. 만나는 사람이 하나 같이 환자들 뿐이었고 그중 암은 가장 흔한 질병이었다. 나는 많은 암 환자를 비롯해 각색 병든 사람을 만나고 그들을 위해 상담과 기도를 해주던 사람이었다. 그들의 상황을 보고 많이 힘들겠구나 하고 들었던 막연했던 생각이, 막상 내 딸이 암이라는 진단을 받고 보니 남의 일이 아니었다. 딸이 힘들어 하는 모습을 보니 너무 불쌍하고 가슴이 아팠다. 그러고보니 나는 병원 현장에서 환자들의 고통을 가깝게 마주하면서도 사실은 그들의 아픔을 진정으로 깨닫지는 못했다. 내가 그동안 그 환자들에게 너무 덤덤했던 거였구나. 가족이 질병을 겪는 고통이란 이런 것이었구나. 그들을 위로한다고 하면서 그들을 이해한다고 하면서 정작 내가 그들의 고통을 함께 나누지 못했구나….

그들의 고통은 곧 나에게 닥친 현실이었다. 이대로 이 딸을 데려가시는 것이 아닌가. 그런 생각이 들자 울음이 터져 나왔다. 심장이 찢어질 것 같이 절규하며 내 딸을 살려달라고 주님을 향해 외쳤다.

"하나님! 우리 딸 살려주세요! 하나님이 저에게 자녀를 선물로 주시고 믿음으로 잘 양육하라고 맡기셨는데 믿음으로 기르지 못했습니다. 다 제 잘못입니다. 용서하시고 한 번만 살려주세요."

엄마로서 흘릴 수 있는 눈물을 정말 그때 모두 흘린 것 같다. 그렇게 우리 가족은 날마다 한 마음으로 모여 예배드리고, 둘째 딸의 가슴에 손을 얹고 기도를 했다.

'전능하신 하나님, 하나님께서는 모르시는 것이 없으시고 못 하시는 일이 없으시니 지금도 저희의 예배를 받으시는 줄 믿습니다. 하나님은 죽은 자도 살리시는 하나님이시니 우리 딸 암 덩어리를 치료해주세요.' 나는 이 기도를 2개월 동안 했다. 검진 시기가 되어 병원에서 다시 검사를 받았다. 할렐루야! 7㎝나 되는 암 덩어리가 흔적도 없이 사라진 것이다! 병원 의료진도 놀라고 우리도 놀랐다. 하나님은 우리의 기도를 듣고 계신다. 우리가 믿음의 기도를 하면, 주님은 치유하여 주신다.

지금은 하나님께 철저히 회개하고 주님께 감사하며 주일 성수를 잘하며 주님 없이는 살 수 없다고 고백하면서 살고 있다.

60대 40의 풍성한 은혜,
좌하면 우 하리라

한 산을 넘으니 넘어야 할 또 다른 고개가 앞에 있었다. 남편이 새로운 부서에 잘 적응해서 근무하는가 싶었는데, 알고 보니 회사 안에 호시탐탐 남편의 자리를 탐내는 직원이 있었다. 퇴직을 앞둔 과장이었다. 남편은 곧 하나님께 기도했다.

'하나님, 저 과장이 저의 일자리를 탐내고 있는데 제가 어찌하면 좋겠습니까? 그 과장은 아직 젊어서 한참 일을 더 해야 할 나이입니다. 그런데 이제 퇴직을 해야 하고, 일할 곳은 없는 것 같아 걱정입니다. 저는 그동안 하나님의 축복을 많이 받았습니다. 어떻게 하는 게 좋을까요?'

"그 과장을 불러서 이렇게 말해라. 네가 우하면 내가 좌하고,

네가 좌하면 내가 우하리라. 또 그 과장이 너의 겉옷을 가져가려고 하거든 속옷까지도 내어주어라."

하나님은 성경 말씀을 남편에게 그대로 들려주셨다. 이것은 남편을 향한 주님의 부탁이었다.

남편은 과장을 불러 이렇게 말했다.

"수입이 100이라고 하면 내 수입을 40대 60의 비율로 나누어 주겠다. 둘 중 하나를 선택할 수 있다. 선택권을 주겠다. 네가 우하면 내가 좌하고, 네가 좌하면 내가 우할 것이다."라며 남편은 하나님의 음성에 순종해 남편이 들은 성경 말씀을 그대로 전했다.

과장은 예수님을 믿지 않는 불신자여서 남편의 말을 알아듣지 못해 무슨 말이냐고 되물었다. 남편은 급여 선택의 기회를 먼저 준 것이라며 과장에게 알아듣기 쉽게 다시 설명해주었다. 과장은 당연히 100중에서 더 큰 수인 60을 선택했다. 그 바람에 그 뒤로는 남편의 수입이 반 이상 확 줄었지만 우리 부부는 굉장히 기뻤다. 애초에 그 100은 우리의 것이 아니었다. 제단 헌화에 대하여 안타까워 기도하자 하나님께서 꽃값을 하라며 덤으로 주신 것이 아니었던가. 안 주셔도 그만인데 주님은 꽃값을 하고도 넘치게 주셨다. 주님께서 공짜로 주신 것이니 40이라도 받은 것이 얼마나 감사한 일인가. 더군다나 우리가 양보한 덕분에 회사 동료와 다툼 없이 그 일은 잘 해결되었고, 나아가 한 가정을 살리

고 우리의 행동이 그 과장에게 덕이 되었으니 우리를 통해 하나
님이 기뻐하실 것을 믿었다. 그것이 복음의 통로가 되어 과장에
게 복음까지 들어간다면 더할 나위 없이 좋을 것이었지만, 그 부
분은 주님께 맡겼다.

기쁜 마음에, 가족 모임이 있던 날 우리 부부는 들떠서 딸들에
게 이 이야기를 나누었다. 딸들 또한, 어떻게 그렇게 욕심내지 않
고 선뜻 내어줄 수 있었느냐며 엄마, 아빠의 믿음에 하나님께서
기뻐하실 거라면서 뿌듯해 했다. 우리는 둘러앉아 감사의 기도
를 드렸다.

남편의 월급 양보 사건에 대하여 우리 가정을 향한 칭찬은 여
기서 끝나지 않았다. 남편이 과장에게 월급의 많은 부분을 양보
한 사실이 회사 안에도 알려진 것이다. 보는 사람마다 칭찬했다.
심지어 어떤 사람은 남편에게 전화까지 걸어 과연 장로님답다며
존경한다며, 어떻게 그런 결심을 했느냐고 물어왔다. 남편은 서
슴없이 자신 있게 대답했다. 그것은 내가 아니라 내가 믿는 '하
나님'이 하신 일이라고 말이다.

그렇게 하나님은 작은 일에도 충성하려던 나에게, 그리고 하
나님을 사랑하여 착한 행실을 하려고 한 남편에게 하나님의 영
광을 드러낼 기회를 주셨다. 그 사건을 통해 우리 온 가족은 정
말 하나님께 감사했다. 내 기도의 열매인 남편이 온전한 신앙생

활을 하는 모습을 보면서 나는 참으로 기뻤고, 또한 그런 남편을 보며 나의 신앙생활에 더욱더 도전을 받았다.

남편과 나는 지금도 우리 둘 중에 누가 더 주님을 사랑하는지, 말씀과 기도 생활과 예배와 전도 생활을 통해 선의의 경쟁자가 되어, 이 땅이 아닌 오직 저 천국 본향에서 받을 상급에만 마음을 두고 오늘도 기도와 전도의 씨앗을 심고 있다. 우리가 기도로 쌓은 주님을 향한 사랑과 영혼을 향한 사랑은 주님께서 다 기억하신다. 남편과 나는 그것을 믿는다.

그래서 오늘 죽어도 여한이 없다. 다만 하나님이 보시기에 아직 할 일이 남아있는 소명자는 절대 데려가시지 않기에 주님이 천국으로 부르시는 그날까지, 우리는 복음 전도자로서 우리가 가야 할 길을 경주하며 가려 한다. 언제 죽어도 감사하고 좋은 것은, 우리에게는 천국 본향과 영원한 생명에 대한 소망이 있기 때문이다. 이제 저 영원한 생명의 나라로 부르시면, 아무 원 없이 미련 없이 이 땅을 놓고 주님께로 달려가리. 그 기쁨의 때를 위하여 나는 오늘도 기도하고 복음을 전한다. 할렐루야!!

38
chapter

현숙한
아내가 되라

다른 부부들과 달리 나와 남편의 관계는 조금 독특한 편이었다. 우리는 부부로서 친구처럼도 지낼 때도 있지만, 나는 남편의 신앙의 길잡이요, 영적인 어머니요, 집안에서도 남편에게서 전도사 대우를 받았다. 그래서 여느 집과는 다르게 일상에서 남편이 나를 대부분 섬겨 주었다.

나는 전도사라는 이유로 하나님께서 나에게 허락하신 영적 권위로 어떤 때는 남편에게 강하게 말한 적도 있었다. "장로가 되어서 뭐하는거에요? 성경도 안 읽고, 기도도 안 하고. 당장 장로직 사표 내고 와요. 이 다음에 주님 만나면 그때 주님에게 면목 없어 부끄러워 어쩌려고요? 이런 상태로 주님 만나서 그리스도의 심판대 앞에 설 건가요. 빨리 첫사랑을 회복해요."하며 남편에게 강하게 권면했었다. 그랬더니 잘못하면 남편은 슬며시 사라지는 버릇이 있는데 갑자기 어디론가 사라졌다가 몇 시간 후 집에 들어왔다. 그 사이 어디에 다녀온 것일까.

"어디 가겠어요? 교회에 갔죠. 하나님한테 혼나고 왔어요. 하나님이 나더러 사랑하는 내 기도하는 여종, 김정희의 마음을 아프게 하지 말아라 하시잖아요. 전도사님, 제가 주님께 잘 말씀드렸어요." 하면서 하나님 마음을 깨닫고 많이 울고 기도했다고 한다.

그런데 최근에서야 남편에게 '가르치는 선생님' 역할을 했던 지난 일들을 하나님이 떠오르게 하시면서 회개를 하게 되었다. 남편을 전도하기 위해서 처음에는 착한 아내가 되어 사랑으로 품고 기도하고 전도까지 했다. 그런데 젊은 날, 남편이 술과 도박으로 가정에 소홀히 하고 나를 힘들게 했던 시절이 다 잊혀지지는 않았다. 그래서 용서를 못하고 남편을 미워하기도 했다. 또 나와 다른 생활 습관 때문에 남편에게 잔소리도 많이 했다. 신학 공부를 하고 나름은 전도사가 되었다고 남편을 더욱 가르치려고 했다. 어느 날 기도하는데 하나님이 이런 깨달음을 주셨다.

"남편에게 선생님이 되지 말고 현숙한 아내가 되어라"

하나님의 음성이 내 안에서 들리자 나는 바로 "하나님, 순종할께요."라고 믿음으로 기도가 나왔다. 기도를 하자마자 내 마음도, 행동도 변화가 일어났다. 내 의지로는 바로 순종이 안되었는데 하나님의 은혜를 입으니 행동에도 변화가 있었다.

아내들이여 자기 남편에게 복종하기를 주께 하듯 하라(에베소서 5:22).

그날 이후로 주님을 대하듯 남편을 섬기게 인도해 주셨다. '남편에게 존대하며 부드럽게 말하기', '아침에 나갈 때 다정하게 배웅하기', '엄하게 대하지 않고 잔소리 안하기', '운전할 때 옆에서 훈수 두지 않기', '남편이 하자고 하는 일에 순종하기' 등으로 변화가 일어났다.

남편은 50년 넘는 세월 동안 보지 못했던 너무나 다정하고 순종적인 아내의 모습이 당황스러워서 처음에는 믿지 못했다고 한다. 몇개월이 지난 지금도 다정해진 내 모습에 너무 고맙고 이제는 믿어진다고 말한다.

"항상 나를 이해해 주고 부족한 나를 섬겨줘서 고마워요. 싸울 만한 일에도 화내지 않고 교회가서 기도하면서 잘 참아줘서 고마워요."하며 그 간의 일들에 감사함을 남편에게 고백했다.

하나님의 딸, 정희 ●

살아온 세월이 많아도 우리는 늘 주님의 어린양이 되어야 한다. 성경을 많이 알아도 전도를 많이 했어도 그리고 기도를 많이 했어도 주님의 말씀에 귀기울이기를 멈추지 말아야 한다.

순종하는 자에게 넘치도록 주시는 평안이 있다는 사실에 늘 감사하다.

누가 현숙한 아내를 얻겠느냐? 그녀는 진주보다 더 소중하다(잠언 31:10).

병원은 '베데스다 연못'이다.
2천 년 전에 그러하셨던 것처럼 예수님은 오늘도
그 베데스다 연못으로 질병으로 아픈 자들을 찾아가신다.
병을 오래 앓은 환자, 난치병 환자, 불치병 환자 등
병자만이 가득한 베데스다 연못으로.
어찌 보면 우리는 모두 육신이 되었든 마음이 되었든
적어도 한 가지씩 병을 앓고 있는 자들이 아닌가.
이제 모두 그 치유의 주님을 만나러 '베데스다 연못'으로 나아가자.
복음만이, 예수님만이 우리가 살 길이다.

우는 자들과 함께 울었던
병원 전도사역 14년

늦깎이 신학생의
간절한 소망

담임목사님을 만나 신학 공부를 하겠다고 말씀드렸다. 내가 진학한 곳은 서울의 한 군소신학교로, 대학원 과정까지 6년을 공부했다.

50대 초반에 신학대학교를 졸업했지만 바로 전도사로 일하고 싶은 나의 갈급함과는 달리 아무도 나를 찾지 않았다. 전도를 더 잘해야겠다는 간절함에 이렇게 신학도 했는데……. 나는 속상해서 기도로 주님께 간청하며 따져 물었다.

"하나님, 어찌 된 일입니까? 저를 전도자로 세우신 것 아닙니까? 그런데 왜 아무도 저를 불러주지 않는 겁니까. 이제 저는 어디로 가야 하는 건가요. 어디든 보내 주시는 곳이면 가겠습니다.

시골이든 섬이든. 주님, 말씀해주세요. 가라면 가고 서라면 서겠습니다."

어디가 됐든 복음을 최대한 많이 전할 수 있는 가장 최적의 장소로 나를 보내 달라고 기도했다. 1년 동안 작정 기도를 했건만 하나님은 침묵으로 응답하셨다. 정확한 응답을 기다리는 그 과정에서 나는 장로교 교단의 한 대학원에 진학하게 되었다.

대학원에 다닌 지도 어느덧 1년쯤 되었다. 그 1년 동안 전도지를 들고 동네방네 돌아다니면서 길거리에서나 각 가정을 방문하여 복음을 전했지만 사람들은 복음을 받아들이려고 하지 않았다.

어떻게 하면 많은 사람을 주님께 전도할 수 있을까 지혜를 구하는 작정 기도를 1년간 했다. 저녁 10시부터 새벽예배가 시작되는 새벽 5시까지, 교회에서 꼬박 7, 8시간을 하루도 쉬지 않고 기도하겠다고 하나님과 약속을 했다. 이 서원을 지키기란 결코 쉬운 일이 아니었다. 아니, 내 힘으로는 도저히 불가능한 일이었다.

어느 날은 이 약속을 깰 뻔한 사건이 생겼다. 주방에서 요리하던 중에 그만 손등에 화상을 입은 것이다. 하필이면 기도 시간을 앞두고. 손등이 너무 화끈거려 참기가 어려웠다. 그렇다고 응급실을 가자니 하나님과의 기도 약속을 깨는 거라 안 될 일이었다. 이 진퇴양난의 순간에 나는 믿음으로 기도했다.

'하나님, 손등이 너무 화끈거려 괴롭습니다. 기도하러 가야 하는데 어쩌면 좋겠습니까? 이 죄인을 불쌍히 여겨 주시고 낫게 해 주세요.'

나는 붕대로 손을 대충 감고 병원이 아닌 교회로 갔다. 그다음 나에게 무슨 일이 벌어졌을까? 그렇다! 기적이 일어났다. 하나님의 은혜로 병원에 가지 않고도 흉터도 없을 정도로 깨끗이 나은 것이다!

하루는 고열에 몸살이 나서 도저히 기도하러 못 가겠다 싶은 순간도 있었으나 일어나서 기도하러 가거라 하시는 성령의 음성이 들렸다. 힘을 얻어 기도하러 갔더니 몸의 떨림이 멈추고 열이 내리는 역사도 경험하게 해 주셨다. 전도사역을 위한 작정 기도 1년 동안만 해도 이와 같은 우여곡절을 여러 차례 겪었으나 그때마다 주님이 나를 이끄시고 도와주셨다.

어느 날 기도 중에 하나님의 음성을 들었다. 전도 사역지로서 병원으로 가라고 말씀하셨다. 평소 가까이 지내던 장로님께 전도사로서 내가 갈만한 병원이 있는지 알아봐달라고 부탁을 드렸다. 마침 장로님이 아시는 기독병원에서 전도사를 구한다고 해서 병원에 연락했다. 내리교회 전도사라고 하니까 김정균 목사님이 당장 오라고 했다. 마침내 하나님이 신학생 전도자로서 나에게 길을 열어주신 것이다! 그 감격만도 큰데, '내리교회'라는 말에 더 물을 필요도 없다고 하니 이처럼 감사할 데가 또 있는 가. '내리교회'는 나와 내 가족, 그리고 내가 전도한 사람 중에 몇 분의 오랜 신앙의 터전이었다. 한 교회에서 수십 년 동안 신앙생활을 하고 공동체로서 성장할 수 있는 것만도 감사한데, 가족 같은 그 교회가 전도 사역자로서 나에게 확실하고 든든한 이력서가 되어주었다. 나는 하나님께서 내리교회 자체도, 또한 내리교회에서 이어온 나의 신앙생활도 모두 인정해 주시는 것 같아 아주 기쁘고 뿌듯했다.

1년 기도 끝에 침묵으로 응답하시고, 전도사로 파송 받기까지 다시 1년의 작정 기도 끝에 그러니까 신학대학원 생활 1년까지 보낸 만 2년 만에 하나님은 나에게 상황으로 답을 해주고 계셨다. 그렇게 1년 작정 기도를 주님의 은혜로 무사히 마칠 수 있었고, 기도가 끝나자마자 기독병원 전도사로 불러주셨다. 기독병원 전도사로 파송 받아 사역을 시작한 건 50세가 조금 넘은 늦은 나이였다.

기다림의 시간은 짧지 않았다. 하지만 하나님이 길을 열어주시니 모든 것이 일사천리였다. 상황으로는 이미 응답은 받았지만 하나님의 뜻이 맞는지 정확히 깨닫고 싶어서 병원 측에 양해를 구하고 결정하기까지 20일 정도의 시간을 청했다. 기도에 필요한 시간이었다.

내가 병원 전도를 잘 할 수 있을까? 병원 전도에 대한 기대와 꿈도 컸지만 한편으로는 덜컥 겁도 났다. 예배만 열심히 드렸지 사실 나는 그때까지 공식적인 자리에서 설교해 본 적이 단 한 번도 없었다. 병원 사역을 하려면 설교도 겸해야 했다. 다행히 병원 측은 나를 이해해주었다. 덕분에 용기를 얻어 다른 전도사 세 분과 함께, 사역자로서 기다리고 고대하던 병원 사역을 시작했다. 그때의 부르심에 지금도 참으로 감사하다.

전도 황금어장의
무보수 사역자

2004년 2월, 당시 내리교회에서 시무하시던 이복희 목사님이 나를 기독병원 원목실에 전도사로 파송을 보내셨다. 나는 사례비는 안 주셔도 된다고 목사님께 미리 말씀드렸다.

사례비란 직장인이 월급을 받는 것처럼, 사역자들이 한 달 동안 일한 수고의 대가로 교회에서 받는 생활비였다. 남편이 직장생활하고 있으니 먹고 사는 일을 염려하지는 않아도 되었고, 돈을 받고 주님의 일을 한다는 게 내키지 않아서였다. 한 가지 이유를 더 들자면, 돈을 바라거나 돈에 의지하지 않고 오로지 신앙의 힘으로만 사역하고 싶은 마음이 강해서였다.

기독병원의 원목실에는 목사님 한 분과 전도사 두 분이 계셨다. 이 세 분 목사님과 병원의 직원들과 함께 날마다 아침 8시면 예배로 하루를 열었다. 환우들을 일일이 찾아가 간증을 하고 기도해드리고 전도함으로써 아픈 환우들을 주님께 영접시키는 일을 했다. 전도를 많이 할 수 있는 곳으로 보내 달라던 나의 바람과 기도대로 주님은 전도하기에 좋은 최적의 장소로 나를 보내주신 것이었다.

병원은 죽음에 대한 공포와 두려움으로 인생의 절망 가운데 있는 환자들과 그 가족이 건강 회복에 대한 간절한 바람으로 모인 공간으로, 지푸라기라도 잡고 싶은 심정의 사람들이 많다 보니 이러한 환경적, 장소적 특성 때문에 누가 뭐래도 전도하기 가장 좋은, 전도 황금어장이었다. 아무래도 복음을 받아들이고 흡수하는 자세가 일반인들을 전도할 때보다는 확실히 더 수월했다. 환자들도 전도자들도 서로에게 훨씬 더 잘 집중하고, 복음을 전하고 받아들이는 태도가 적극적이었다.

달리 말해보자면 그곳은 전도의 대상자를 '금'이라고 가정하자면 병원은 광부와 같은 전도자에게는 캘 것, 캘 금이 많은 금광과 같은 곳이다. 그렇게 하나님은 육신의 고통 가운데 있는 분들의 집합소인 병원을 복음의 어장으로 사용하고 계셨다.

아픈 건 괜찮은데,
이제 전도는 어떡해요!

나는 하나님 앞에서 시간이든 재정이든 은사든 그 무엇이든
지 간에 청지기처럼 성실하고 충성되게 사용하고 싶었다. 내 쪽
에서 청하여 매달 월급에 해당하는 사례비를 받지 않았지만 나
또한 엄연히 병원 조직의 일원이었다.

병원의 직원들과 마찬가지로 아침저녁이면 그들과 같은 시간
에 병원에 출퇴근하여 출퇴근 카드를 찍었고 책임감 있게 시간
을 엄수했다. 다만 퇴근시간이 정해져 있기는 하나, 나는 좀처럼
제 시간에 퇴근을 할 수가 없었다. 하루에도 전도할 영혼이 얼마
나 많은지, 게다가 몸과 마음이 상하여 있는 환자들이 너무 가엾
은 마음이 들어서였다. 일찍 집에 가서 쉬는 것이 환자들에게 미

안한 마음이 들었다. 그러다 보니 이른 아침에 출근하여 저녁 늦게까지 병원에 남아서 환자들을 위해 기도하고 전도하는 일에 매달리기 일쑤여서 정작 내 몸을 돌보지는 못했다.

　자나 깨나 내가 기도하는 환자들 생각에 나는 내 몸이 병들어 가고 있다는 사실을 전혀 인식하지 못했다. 급기야 내 몸에 전에 없던 이상 증상이 나타나고 탈이 온 것은 병원 사역을 시작한 지 8개월이 되던 때였다. 몸이 너무 피곤하고 온몸이 가려워 피부과 치료를 받았으나 아무 소용이 없었다. 상태는 점점 더 심해지고, 몸은 퉁퉁 부었다. 검사 결과 갑상선 기능 항진증이었다.
　피곤한 것 이상으로 신장 때문에 소변을 잘 보지 못해 몸이 붓는 것이 더 큰 문제요 고통이었다. 눈을 뜰 수도 없는 데다 퉁퉁 부은 몸으로 걷자니 발바닥이 아프고 온몸이 가려워 도저히 견딜 수가 없었다. 갑상선 이상 때문에 간에 문제가 생겨 무척 가려웠는데 저녁에 잠을 자다가도 가려움증으로 병원 응급실에 가야 할 정도였다.
　"하나님이 나를 환자들을 사랑으로 돌보고 품는 가운데 하나님의 살아계심을 알게 하시려고, 또한 그들에게 복음을 전하라고 병원에 파송했다고 생각합니다. 그래서 순종하는 마음으로 하나님의 감동이 오는 대로 열심히 환우들을 사랑하고 불쌍히

하나님의 딸, 정희 ●

여겼는데…… 하나님 도대체 이게 어찌 된 일입니까?"

나는 갑상선 수치가 정상으로 돌아오기를 기도했지만 하나님은 답이 없으셨다. 원목실의 목사님도 나더러 그 몸으로 어떻게 사역을 할 수 있겠느냐고 하셔서 너무 슬펐다. 병원이 들판이요 환자들은 곡식이라고 치면, 나는 넓은 들판에 익은 곡식들이 무수히 많음을 보았다. 어쩌면 하나 같이 어서 추수꾼들이 와서 저들을 추수해주기를 기다리는 곡식과 같이 간절한 눈빛이었다. 그런 환자들의 눈빛을 도저히 외면할 수 없었다. '많은 환우와 가족들을 주님께 인도해야지' 하는 꿈에 부풀어 있는데, 환우들을 전도하느라고 바빠서 미처 내 몸을 돌보지 못해 그만 내 몸이 병들다니…….

몸이 아픈 것 자체가 서러운 것이 아니라 전도하지 못하게 될 거라는 사실 때문에 서글펐다. 하나님이 제일 기뻐하시는 일이 복음을 전하는 일이라고, 그래서 전도하는 사람에게 주시는 상이 제일 크다고 하셨는데 이렇게 병든 몸이 되어 앞으로 사역을 못 하게 된다고 생각하니 그렇게 속상하고 억울할 수가 없었다.

아픈 나의 모습을 지켜보다 참다 못한 원목실의 목사님은 결국 사역을 그만두는 것이 어떻겠느냐고 하셨다. 그래도 할 수 있다고 했으나 솔직히 자신은 없었다. 그때 사도 바울이 묵상이 되었다.

여러 계시를 받은 것이 지극히 크므로 너무 자만하지 않게 하시려고 내 육체에 가시 곧 사탄의 사자를 주셨으니 이는 나를 쳐서 너무 자만하지 않게 하려 하심이라 이것이 내게서 떠나가게 하기 위하여 내가 세 번 주께 간구하였더니 나에게 이르시기를 내 은혜가 네게 족하도다 이는 내 능력이 약한 데서 온전하여짐이라 하신지라 그러므로 도리어 크게 기뻐함으로 나의 여러 약한 것들에 대하여 자랑하리니 이는 그리스도의 능력이 내게 머물게 하려 함이라. 아멘(고린도후서 12:7~9).

이 말씀을 묵상하며 병원사역을 접을 수 없다는 마음이 더욱 더 확고해졌다. 갑상선이란 질병은 아픔을 통해 나를 낮추시고 더 겸손하게 만들기 위한, 또한 환우들을 더 깊이 이해하기 위해 하나님께서 나에게 허락하신 육신의 가시였다. 그날로부터 나는 하루에 2시간씩 매달려 기도했다. 복음을 전하며 하나님을 기쁘시게 해드리고 싶은 것이 내 평생소원이었으니 이 사역만큼은 계속 감당할 수 있도록 건강을 허락해달라고. 기도의 응답으로 하나님은 내가 사역을 하도록 인도해주셨다. 하나님은 치유를 허락하신 대신 갑상선이라는 병마와 5년 동안 싸우면서 기꺼이 사역을 감당케 하셨다. 그 사건은 죽기까지 복음전파를 갈망하는 나를 향한 하나님의 은혜요, 놀라운 역사였다.

42
chapter

멈출 수 없던
제단 헌화

사역했던 기독병원에는 아쉬운 것 한 가지가 있었다. 예배실의 강대상에 꽃이 없는 것이 늘 마음에 걸렸다. 목사님께 제단 헌화를 해도 되는지 허락을 받아 바로 꽃을 사다 놓았다. 꽃을 둔 곳이 예배실이었지만 덕분에 병원 전체가 훨씬 밝아진 느낌이라 좋았다. 그렇게 꽃꽂이 봉사를 몇 년 동안 계속해 나갔다.

그런데 제단 헌화에 제동이 걸렸다. 남편이 퇴직으로 앞으로는 월급이 나올 곳도 없었고 다른 수입도 생길 여지가 없어서 이전보다 생활비를 아껴야 했다. 씀씀이를 줄이면 되니 당장 생활은 어찌어찌하면 될 테니 별걱정 안 했지만 앞으로 예배실 제단 헌화는 어떻게 하나를 생각하니 마음이 안 좋았다. 암만 생각해도 헌화까지 하는 건 도저히 무리였다. 나는 제단 헌화 문제를 놓고 기도하기 시작했다.

'주님, 그동안 저희 가정이 제단 헌화를 할 수 있게 축복해주셔서 감사합니다. 그러나 앞으로는 꽃을 사다 놓지 못하게 생겼어요. 남편이 퇴직해서 그럴만한 돈이 없습니다.'

"아니다. 네가 앞으로도 제단 헌화를 할 수 있을 것이니 염려하지 마라. 딸아, 그동안 네가 꽃을 사다 놓을 때마다 내가 얼마나 기뻐했는지 아느냐."

주님의 응답에 나는 위로를 받았고, 너무 감격스러웠다. 아, 하나님이 앞으로도 내가 이것을 할 수 있도록 길을 예비해두셨구나. 또 내가 드리는 기쁨 이상으로 하나님도 그동안 내가 이렇게 드리는 꽃을 기쁘게 받으셨구나. 생각할수록 정말 감사해서 나도 모르게 기쁨의 눈물이 주르륵 흘러내렸다. 도대체 주님은 어떤 방법으로 어떻게 역사를 하실까? 주님이 하실 일을 생각하니 기대가 되고 가슴이 벅차올랐다. 나는 주님이 어떻게 일하실지만을 기다리고 있었다.

남편이 퇴직하기 3개월 전 어느 날 집에 전화벨이 울렸다. 회사로부터 걸려온 전화였다. 다른 부서에 가서 일해보지 않겠느냐며 제안이 남편에게 들어온 것이다!

하지만 남편은 회사의 제안에 바로 답을 하지 않고 기도해보고 결정하겠다는 말을 남겼다. 그러자 회사 측은 여기가 교회인 줄 아느냐고 핀잔을 주면서도, 남편에게 주려는 일자리는 남들이 서로 차지하려고 탐내는 자리라며 남편의 반응에 어이가 없는지 부연 설명까지 했다.

그러면서 바로 계약하자며 종용했다. 모두가 욕심내는 자리라니 때를 놓치면 일자리를 잃을 것도 같았다. 게다가 회사 측에서 강하게 권유하는 통에 기도하고 말고 할 새도 없이 떠밀리듯, 그만 일자리 제안을 받아들여 계약을 해버렸다. 기도하지 않고 한 즉흥적인 결정이어서 혹시 이 계약이 미끼이거나 잘못된 결정이 아닐까 하여 마음에 걸렸지만, 남편이 퇴직한 뒤로도 10년이나 제단 헌화를 할 수 있는 통로가 되었다.

그렇게 하나님은 제단 헌화에 대하여 마음을 드려 한 나의 기도에 예비해 두셨고 상황으로 응답을 해주셨다. 사실 나는 다만 때때마다 예배실에 하나님께 올릴 꽃을 바칠 수 있기를 소망했을 뿐인데 하나님은 꽃값만이 아니라 덤으로 우리의 생활비까지 해결해 주셨다. 그것도 10년씩이나. 내가 드린 것은 한 마리 작은 물고기에 지나지 않았다면 주님은 이것을 60배, 100배로 갚아주신 것이다.

치매를 앓던 여자 장로님의
'제발 요양원만은'

어느 날, 한 여자 장로님이 병원에서 치매 판정을 받았다. 자녀들은 소위 말하는 '독실하다는' 기독교 신자들로 교회에서 죽도록 충성하고 봉사를 많이 하는 사람들이었다. 그런데 어머니가 치매 판정을 받자 그들은 어머니를 요양원으로 보내기로 자기들끼리 의견 일치를 본 뒤에 본인에게는 묻지도 않고 어머니에게 일방 통보했다. 당시 장로님의 치매 증세는 초기였다.

요양원으로 가라는 자녀들의 말에 큰 충격과 슬픔에 빠진 장로님은 요양원의 결정과 관련하여 그 상황을 지켜본 나에게 본인이 아는 사실을 귀띔해 주었다. 평소 알고 지내던 분으로 나는 장로님의 간병인이었다.

장로님은 요양원에 가기 싫다며 "자식들이 나를 요양원에 안 보내도록 전도사님이 말 좀 잘해 달라"고 울면서 나에게 애원하셨다. 치매에 걸린 시어머니를 경험해 본 터라 사실 자녀들의 심정도 이해는 되었지만, 나는 장로님의 부탁대로 안타깝고 안 된 마음에 기도를 해드렸다.

'하나님……, 장로님이 너무 불쌍해요. 어찌하면 좋겠습니까? 요양원은 안 가시겠다고 저렇게 애원하시는데……'

주님은 우시면서 나에게 말씀을 하셨다.

"나도 그가 불쌍하고 가엽다. 그러나 자녀들에게는 아무 말도 하지 말고 기도만 하거라. 성도는 누구나 최후에 이 세상을 떠나면 심판대 앞에 서게 된단다."

이는 우리가 다 반드시 그리스도의 심판대 앞에 나타나게 되어 각각 선악 간에 그 몸으로 행한 것을 따라 받으려 함이라(고린도후서 5:10).

그렇다. 우리는 이 땅에서 우리의 생을 마감하고 나면 누구든지 반드시 그리스도의 심판대 앞에 서게 된다. 그날에 우리는 이 땅에서 우리가 살아온 시간들, 우리가 보고 듣고 말하고 행한 것, 그리고 생각한 것 등 주무시지도 졸지도 아니하시는 불꽃같은 눈동자를 가지신 하나님의 블랙박스 안에서 우리 마음의 중심과 동기까지도 낱낱이 하나님 앞에서 셈을 하게 될 것이다. 그날에 당신은 어떤 모습으로 서게 될지 상상이 가는가.

44
chapter

휠체어 청년의
생명수 기적

33세 청년 정 씨는 발목에 유리가 박혀 신경이 끊어진 사고를 겪고 바로 병원에 와서 수술을 받았다. 2개월이 지나도록 신경이 살아나지 않아 휠체어 신세를 면치 못해 결국 포기하고 퇴원을 하게 되었다.

나는 그런 정 씨의 발목을 붙잡고 기도해 주면서 병원 예배에 한 번만 나오라고 하나님을 믿어보라고 권면했으나 어림도 없었다. 달리 방법이 없던 나는 그 형제에게 당신을 위해 기도원에 가서 물만 마시며 3일 동안 금식 기도하고 오겠다고 말했다.

'하나님… 정○○ 님을 구원해 주세요.'

나는 오직 그 한 청년만을 위해 기도하며 생명을 다해 부르짖었다.

기도원에서 돌아오자 정 씨는 "정말 굶으셨나 보네요."라고 하기에 다시 한번 예배에 나와 달라고 간청했다. 고마워선지 미안해서인지 아무튼 정 씨는 마지못해 예배실로 온 것 같았다.

그 후 정 씨는 퇴원은 했지만, 거동이 불편해 집으로 안 가고 개인 병원에 다시 입원했다. 평생 휠체어를 타고 살 바에는 차라리 건물의 옥상에서 떨어져 죽는 게 낫다고 결심을 한 정 씨는 죽을 때 죽더라도 그동안 고마웠다고 인사는 하고 죽어야지 하고는 한밤중에 병원에 찾아와 모두에게 인사를 하며 고마움을 전했다. 정 씨가 만나고 싶었던 상대는 퇴원 전, 그러니까 정 씨를 돌보던 기독병원 간호사들과 또 정 씨와 같은 병실을 사용한 환우들이었다. 당시 정 씨는 술을 잔뜩 마시고 목발을 짚은 상태로 기독병원으로 찾아왔다. 그런 다음 집으로 돌아가 잠이 들었는데, 묘한 꿈을 꾸었다고 했다.

정 씨가 꾸었다는 꿈의 내용은 이랬다. 넓은 들판의 한복판에 큰 우물이 있었다. 우물에는 샘물이 철철 넘치고 우물 옆에는 정 씨를 활짝 웃으면서 바라보고 있는 한 사람이 있었다. 나였다고 한다. 그때 정 씨는 나를 보고는 너무 기쁜 마음에 나에게 오려고 "전도사님"하고 한걸음에 뛰어오다가 그만 꿈에서 깨어났다.

이게 웬일인가! 분명 꿈에서 뛰었다고 생각했는데, 어제까지 힘이 없어 걷지도 못하던 다리에 힘이 들어가더란다. 그러고는 곧 일어설 수 있게 되더니 걸을 수 있게 된 것이었다. 꿈인가 생시인가 싶어 자고 있던 가족들을 다 깨우고는 이 기적 같은 기쁜 소식을 알리려고 날이 새기만을 기다렸다가 기독병원으로 뛰어왔다는 것이다.

정 씨는 병원을 찾아와 병실 환자들과 간호사, 의사 선생님께 하나님이 살려주셨다며 감사하다고 말해 그날 병원에 있던 모두를 깜짝 놀라게 했다. 정 씨를 보고는 모두 기적이 일어났다고 하여 한동안 병원이 떠들썩했다. 그후 정 씨는 예수님을 영접하고 가까운 교회에 등록하여 지금까지 신앙생활을 열심히 하고 있다.

45
chapter

강팍한 당뇨 병자의
마귀 화살

김 씨는 70대 후반의 당뇨병 입원 환자인데 평소에 하나님께 불만이 많았다. 기독병원 목사님에게도 불만이 쌓여 있었는데, 목사님이 기도를 길게 하신다는 이유에서였다. 날마다 우리가 찾아가서 심방을 하려고 하면 매번 기도를 거부하는데 사람이 그렇게 강팍할 수가 없었다.

그날도 역시 "하나님이 정말 신이라면 사람들을 괴롭게 하지 말고, 하나님이 영광을 받고 싶으면 성도들한테 주일예배 와라, 저녁에도 와라, 새벽에도 오라 하면서 바쁜 사람들을 부르지 말고 아쉬우면 하나님이 친히 몸소 다니면서 영광을 받으면 되지 않느냐?"고 하면서 정말 웃긴 분이라며 하나님을 조롱했다.

하나님의 딸, 정희 ●

거기에 덧붙여 예수님을 믿는 사람들은 모두 어리석어서 하나님이 오라고 하면 오고 가라고 하면 가는 식으로, 늘 그렇게 바보 같은 삶을 산다고 말했다. 또한 목사님들이 기도를 길게 하고, 성도들의 비위도 잘 맞추고 인사도 잘하고 다니는 이유는 월급을 잘 받으려고 하는 행위라며 서슴없이 내뱉었다. 그래서 자기는 하나님도 싫고 목사님도 싫고, 절대로 교회는 안 간다고 하면서, 교회는 바보들이나 다니는 곳이라고 거침없이 쏘아댔다.

어느 날이었다. 입원하는 동안에 당뇨가 더 심해진 김 씨는 급기야 두 무릎을 절단하는 수술을 받아야 하는 지경까지 되었다. 결국 수술을 받았고, 수술을 마치고 나서 회복 침대로 이동하는 상황이었다. 그 순간 김 씨는 자기가 들어가는 방이 '중환자실'인 것을 확인하고 너무 놀라 간담이 서늘했다. 수술로 두 다리까지 잘린 마당에 중환자실행이라니 전혀 예상치 못했다. 회복을 위해서라면 당연히 일반병실로 갈 줄 알았다는 것이다. 중환자실로 온 걸 보니 수술이 잘못된 건가 싶어, 과연 자기가 이 병실 밖을 살아서 나갈 수 있을까 하는 생각이 들어 가슴이 철렁했다. 순간 자신도 모르게 그토록 자신이 거부하던 하나님께 "하나님, 살려주세요."하고 기도했다. 그랬더니 갑자기 천국 문이 열리고 자기 눈에 환상이 보이더란다.

그가 본 환상은 이러했다. 사람들이 죄를 짓는 게 우리 생각에는 그냥 짓는 것인 줄 알지만 그게 아니었다. 사람들이 죄를 짓도록 이끄는 존재가 있는데, 그놈이 '마귀'였다. 사람들이 죄를 짓게 만드는 과정에 그 마귀란 놈이 이 세상에서 살아가고 있는 하나님의 백성들에게 쉼 없이 '죄짓게 하는 화살'을 쏘아댔다.

마귀가 죄짓는 화살을 사람들에게 쏘면 그것을 그 사람들 앞에서 대신 막아주는 이가 있었다. 그 마귀가 쏘는 화살에 맞지 않도록 성도들이 죄를 지을 때마다 성도들을 대신하여 마귀의 화살들을 당신의 온몸으로 다 막아내던 이는 예수님이었다. 그래서 예수님의 온몸은 피투성이가 되었다. 또한 목사들이 돈 때문에 목회하고 기도해준다고 오해했는데 환상 중에 보니 목사들이 돈 때문이 아니라 진심으로 '성도들을 위해' 온종일 울며 밤이 새도록 기도하더라는 것이다. 이 놀라운 사건을 겪은 뒤로 김 씨는 결국 '하나님은 존재하신다'고 시인했다.

김 씨는 그동안 자기가 너무 몰라 하나님도 오해하고 목사님들도 오해했다며 며칠 동안 침상에서 통곡하며 회개하여 주님을 영접했다. 그러고는 자녀들을 모두 자기가 입원한 우리 기독병원으로 불러들여 누가 시키지도 않았는데 그사이 병원에서 자신에게 무슨 일이 일어났는지 그간의 자초지종을 아들들에게 들려

하나님의 딸, 정희 ●

주면서 그동안 아버지가 하나님과 목사님들을 오해했으며, 천국은 분명히 있다고 간증을 하며 자신이 만난 예수님을 증거했다. 그러더니 "아버지는 이제부터 예수를 믿을 것이니, 너희도 예수 믿고 천국에서 보자"며 복음을 전하고 그 길로 교회로 가서 새신자 등록을 하고 신앙생활을 열심히 했다.

그 뒤로도 김 씨는 변함없이 예수님을 잘 믿다가 몇 년 후에 돌아가셨다. 그때 복음을 전해 들은 아들 중에 한 아들 또한 예수님을 영접하고 교회에 다닌다고 전해 들었다. 김 씨의 변화된 모습과 그 자녀의 뒤늦은 영접 소식에 나는 주님께 감사했다.

> 너는 말씀을 전파하라 때를 얻든지 못 얻든지 항상 힘쓰라 범사에 오래 참음과 가르침으로 경책하며 경계하며 권하라(디모데후서 4:2).

14년 가까이 복음 전도자로서 병원에서 수많은 환자에게 복음을 전했고, 그중에 많은 수가 예수님을 영접하는 기쁨을 함께 누렸다. 이같이 마음이 가난한 자들과 더욱더 가까이 계시는 하나님께서는 육신의 고통으로 삶의 끝자락에 놓인 아픈 자들 가운데 특히 놀라운 역사를 일으키셨다.

병원 전도 사역을
소망하는 이들에게

　오랫동안 병원에서 전도사로 전도하면서 많은 환자들과 만나면서 깨달은 것은 병원에 온 성도인 환자는 묘하게도 딱 두가지의 극단적인 모습으로 나뉜다는 사실이다.

　투병을 하는 과정에서, 첫 번째 유형은 '내가 예수를 잘 믿었는데', '내가 권사, 장로였는데'라고 하면서 '하나님이 나에게 왜 그러시는가!', '내가 무슨 죽을 죄를 지었는가?' 하며 하나님을 원망하는 교만한 사람들이고, 또 다른 유형은 자신의 지난 삶을 돌아보고 회개하며 병을 허락하신 하나님께 감사하는 겸손한 사람들이다.

　질병이나 뜻하지 않은 장해를 대하는 자세에 따라 이들의 투병 기간이나 병의 회복 정도 또한 달랐다. 자신의 죄를 빨리 인정하고 하나님과의 관계를 회복하는데 빨리 초점을 맞출수록 투병 기간이 훨씬 짧아지고 회복이 빨랐다. 반면 하나님을 저주하고 원망하거나 남 탓을 하는 환자들의 투병 기간은 그만큼 길었다. 다시 말해 자신의 죄를 빨리 깨닫고 감사하는 사람은 병의 기간이 짧아지고, 죄를 깨닫기까지 오래 걸리고 불평과 원망하는 사람은 그만큼 병 중에 머무는 시간이 길었다. 정말로 그랬다. 만일 혹시라도 병에 걸린다면, 빠르게 하나님의 편으로 돌아서서 죄를 고백하고 질병과 고난 중에도 감사함으로 하나님과의 관계 회복에 힘써야 할 것이다.

전도하려고 병원에서 환자들의 이야기를 들어주며 상담하다 보면 육신의 질병에 더하여 마음의 상처까지 입은 사람이 대부분이었다. 환자들이건 가족들이건 누구나 할 것 없이 불안과 고통 속에 무거운 짐을 지고 살아가고 있었으며, 병마에 찌든 모습이었다. 그런데 환자 중에 많은 수가 예전에는 교회를 다닌 적이 있다고 했다. 정말 놀라웠다. 사실 예수님이 그 사람 안에 안 계시면 누구라도 그런 삶을 살 수밖에 없다.

왜 그들은 교회를 떠났을까? 들어보니 소위 성도라고 하는 사람들에게 받은 상처 때문에 예수님을 믿고 싶은 생각이 없어졌다고 했다. 그들이 신앙을 떠나거나 버리게 한 원인 제공자는 교회에 다닌다는 '소위 신앙인'이라고 하는 가족, 친구, 친척 등 가까운 주변 사람들, 교회의 성도들 그리고 목회자들이었다.

특히 가까운 가족이나 친척에게 상처를 받고 실망하고 낙심하여 교회를 떠난 사람이 많았다. 한마디로 병원 전도 사역 가운데 내가 만난 사람들이 믿음을 떠난 이유는 안타깝게도 그들 주변의 믿는 자들의 행실이 아름답지 못했기 때문이었다. 심지어 어떤 이들 중에 더러는 예수님을 믿는 사람들의 행실이 예수님을 안 믿는 사람들보다 낫지 못하게까지 보였다고 했다. 정말 흥미로운 것은 기독교인에게 실망했다는 사람 중에서 하나님, 즉 예수님이 싫어서 떠났다는 사람은 보지 못했다는 사실이다. 상처를 준 사람 중에는 자신이 남에게 상처를 주었다는 사실을 모르는 이가 많다. 상처받은 사람들은 그 상처를 고스란히 가슴에 품고 사는 이가 많다. 우리 안에 예수님이 안 계신다면 용서가 쉽지 않다.

> 너희는 세상의 빛이라 산 위에 있는 동네가 숨겨지지 못할 것이요 …… 이같이 너희 빛이 사람 앞에 비치게 하여 그들로 너희 착한 행실을 보고 하늘에 계신 너희 아버지께 영광을 돌리게 하라 (마태복음 5:14, 16).

하나님의 딸, 정희 ●

주님은 우리에게 "너희는 세상에 빛이 되어라"고 말씀하셨는데, 우리 삶의 모습이 믿지 않는 이방인들보다도 못하다고 하니 참으로 부끄러운 일이 아닐 수 없다. 이렇게 상처 입은 영혼들을 찾아가서 손잡아주고 위로하고 격려해주고 용기를 주며 기도해주면 그들이 신앙이 있건 없건 간에 거의 모든 환우가 좋아하고 감사해 한다. 누구나 건강해지고 싶은 마음이 있기 때문이다. 그렇게 그들과 교제하면서 친해지고, 예수님의 심정으로 그들을 불쌍히 여기고 다가가서 안아주면 그들의 마음이 눈 녹듯이 녹아 자연스럽게 주님을 영접하게 된다.

병원은 '베데스다 연못'이다. 2천 년 전에 그러하셨던 것처럼 예수님은 오늘도 질병으로 아픈 자들을 찾아가신다. 병을 오래 앓은 환자, 난치병 환자, 불치병 환자 등 병자만이 가득한 그 베데스다 연못으로. 어찌 보면 우리는 모두 육신이 되었든 마음이 되었든 적어도 한 가지씩 병을 앓고 있는 자들이 아닌가. 이제 모두 그 치유의 주님을 만나러 '베데스다 연못'으로 나아가자. 복음만이, 예수님만이 우리가 살 길이다.

기도는
'호흡'이요 '사랑'이다

내게는 세 딸이 있다. 딸들은 모두 우리 부부의 기도 속에서 자랐다. 어느 날 세 딸이 우리에게 또한 하나님께 이런 고백을 했다.

"기도하는 부모를 만나게 해주셔서 너무 감사해요."

그 말을 듣고 나 또한 감사해서 눈물이 핑그르르 돌았다. 하나님은 누군가를 통해 내가 뿌린 씨앗에 물을 주고, 심고, 자라게 하고, 또 거두게 하실 것이다. 나 또한 그러한 일에 동역자로 세워졌다. 하나님이 전도에 뜨거운 마음을 주셔서 전도에 열심을 내었고, 전도하려고 할 때마다 하나님은 미리 기도로 준비하게 하셨다. 그러니 나는 전도하는 양만큼 앞서 기도하지 않을 수 없

었다. 나의 기도의 역사라고 해야 할까. 그동안 나는 전도의 씨앗을 뿌리러 다녔다. 병원을 사역지로 둔 덕분에 수만 명에게 전도할 수 있었다.

기도는 '사랑'이다. 하루 중의 많은 시간을 기도만 하며 산다고 사람들은 나를 '기도 박사'라고 부른다. 박사인 줄은 모르겠지만 수십 년 동안 나는 기도로 세월을 보냈다. 나이가 들자 지금은 기력이 좋지 않아서 예전처럼 8시간, 12시간까지는 어렵지만 매일 시간을 정해놓고 적어도 3~4시간 이상은 하려고 하고 실제로 해오고 있다. 내가 이렇게 기도할 수 있는 이유는 나는 기도할 때가 가장 행복하고 기쁨이 넘치기 때문이다. 또한 내 영이 아주 깨끗하고 맑아짐을 느낀다. 또한 기도를 안 하면 영적 전쟁에서 진다는 사실을 알기에 도무지 기도를 멈출 수 없다. 기도는 나에게 '호흡'과 같은 것이다.

예수님을 믿는 것은 이 땅에 살면서 우리가 가장 먼저 누려야 할 특권이요, 은혜이다. 누구든지 예수님을 믿어야 하고 예수님을 믿으면 거듭나야 한다. 거듭난다는 것은 말씀대로 살아가는 것이다.

삶의 모습이나 성품이 예수님을 닮아가야 한다. 교회는 마음이 든든해지려고 다니는 곳이 아니다. 교회를 다니면서 성품이 예수님을 닮아가려고 노력해야 한다. '자기 의(義)'로 다니는 것은 아닌지 돌아보아야 한다.

말씀에 순종하여 사는 삶 속에 구원이 있고, 하나님의 축복이 있다. 순종이 제사보다 낫고 하나님 말씀대로 살지 않은 것이 교만이다. 예수님을 믿는다고 하면서 가만히 보면 우리의 삶 속에 믿음 없이 하는 행동들이 얼마나 많은가? 나는 낮아지고 말씀으로 가르치시는 예수님의 성품을 닮아가려고 하나씩 노력하다 보면 예수님을 닮아가는 자신을 발견할 수 있을 것이다. 그리스도의 향기가 있는 사람은 가까운 가족이 금방 안다. 가족은 그리스도의 성품의 향기를 내는 당신을 통해 예수님을 만나게 된다.

그럼에도 가족 전도는 쉽지는 않다. 애통하면서 기도해야 한다. 믿음의 조상인 아브라함이라고 해서 예외가 아니었다. 하나님은 아브라함을 불러서 이렇게 말씀하셨다. "아브라함아, 네 조카 롯이 다 죽게 생겼다. 네가 기도하면 내가 살게 해준다." 아브라함의 순종으로 롯의 가정을 위한 중보기도로 롯의 가족은 가장 결정적인 순간에 구출되었다. 그때는 알 수 없다. 영혼이 주님께 돌아오는 때는 하나님의 타이밍에 맡겨야 한다. 다만 우리는 언젠가 수확할 그날, 기쁨으로 단을 거둘 그날을 바라보며 씨앗을 뿌리며 전도할 뿐이다.

어제나 오늘이나 동일하신 그 영원하신 하나님께서는 오늘도 말씀하신다. "네 남편을 위해 전도해라. 네 아내를 위해 기도해라. 너의 자녀를 위해 울어라." 그런데 자기들 딴에는 하나님께 순종해서 하고 있다고들 한다. 하나님 보시기에는 부족하다. 충분하지 않다. 하나님은 그런 사람들을 향해 말씀하신다. "너는 최선도 다하지 않았다. 등은 있는데, 기름은 준비하지 않았다."

만사에 기한이 있듯이, 전도와 기도에도 때가 있다. "우리 딸, 우리 아들의 영혼을 살려주세요. 남편, 아내, 부모, 친구, 친지의 영혼을 살려주세요. 이웃인 저 사람의 영혼을 살려주세요." 우리 안에 영혼을 사랑하는 간절함이 있어야 한다.

때와 관련하여 성경은 신랑이 오기를 기다리며 신랑을 맞을 준비를 하던 열 처녀의 비유를 이야기한다. 다섯 처녀는 등은 준비했지만, 기름을 충분히 준비하지 못했다. 신랑이 금방 올 줄 알았는데 안 오자 열 처녀 모두 졸다가 잠이 들었다. 그 사이에 다섯 처녀는 그만 기름이 다 떨어지고 말았다. 그런데 하필이면 그때 신랑이 오는 것이 아닌가. 그래서 기름이 충분한 다섯 처녀에게 꾸어달라고 하지만 기름을 얻지 못한다.

자연의 이치를 보더라도 해, 달, 별이 없으면 깜깜하지 않은가. 다섯 처녀가 졸며 자는 사이에 다 타서 없어진 기름은 '성령'이었다. 그때 가서야 살려달라고 애걸복걸해 봐야, 주님은 "나는 너를 모른다"고 하신다. 주님은 늘 깨어 기도하라고 하셨다. 성령 충만은 기도를 통해 얻어진다.

사람들은 인생 가운데 정말 중요한 것이 무엇인지 우선순위를 모른다. '육'이 아닌 '영'이, 우리의 우선순위이다. 성경에는 선택 받는 자와 버림 당하는 예가 또 나온다.

두 여자가 함께 맷돌을 갈고 있으매 하나는 데려감을 얻고 하나는 버려둠을 당할 것이니라 (누가복음 17:35).

하나님의 딸, 정희 ●

이 말씀에서 맷돌을 갈던 두 여자 모두 성도였다. 그런데 한 사람만 데려감을 얻었다. 왜 다른 한 사람은 버림을 당했을까? 그것은 기름이 떨어진 다섯 처녀와 같은 이유이다. '성령'을 받지 못하고 '자기 의'로 신앙생활을 했기 때문이다. 교만했던 것이다. 하나님은 '겸손한 자'를 사랑하신다. '아버지의 뜻대로 사는 자'를 사랑한다.

신랑이 오기를 기다렸으나 기름이 다 떨어진 그 다섯 처녀는 어떻게 되었을까? 안타깝게 그들은 '지옥'에 떨어지고 말았다. 등이라도 준비하지 않았으면 덜 억울했을지도 모른다. 함께 맷돌을 갈면서도 버려둠을 당한 한 여자와 등에 기름이 떨어진 다섯 처녀를 향해 예수님은 말씀하신다.

나더러 주여 주여 하는 자마다 다 천국에 들어갈 것이 아니요 다만 하늘에 계신 내 아버지의 뜻대로 행하는 자라야 들어가리라 그 날에 많은 사람이 나더러 이르되 주여 주여 우리가 주의 이름으로 선지자 노릇 하며 주의 이름으로 귀신을 쫓아내며 주의 이름으로 많은 권능을 행하지 아니하였나이까 하리니 그때 내가 그들에게 밝히 말하되 내가 너희를 도무지 알지 못하니 불법을 행하는 자들아 내게서 떠나가라(마태복음 7:21~23).

주님께서 오늘 당신에게 이렇게 말씀하시지는 않는가. "내가 너를 도무지 모른다." 교회에 다니고 말씀도 읽고 기도하고 예배도 드리고 십일조도 드리고 봉사도 열심히 했는데 도무지 모른다니 말이 되는가.

우리 머리카락의 숫자까지도 다 세는 주님이 사람을 못 알아보실 리가 없다. 주님이 왜 못 알아보시겠는가. 주님은 다 아신다. 그러면 왜 다섯 처녀를 모른다고 하시는가. 그가 믿음이 없으니 모르시는 것이다. 주님의 문제가 아니라 우리의 문제이다. 내마음의 동기까지도 다 아시는 그분 앞에서 우리는 겸손할 수밖에 없다. 세상의 CCTV나 비행기나 차에 설치된 블랙박스는 아무것도 아니다. 컴퓨터의 메모리도 우리 주님의 차원과 비교할수 없다. 컴퓨터의 메모리는 그 해당 컴퓨터 한 대 속에 기억된하드의 내용은 기억할지 몰라도, 다른 컴퓨터들에 대해서는 전혀 모른다.

그러나 하나님의 블랙박스에는 이 세상에서 살아가는 동안에 일어난 우리의 매 순간의 행위와 그 마음의 동기까지 모두 찍혀있다. 누구도 그분 앞에서 거짓을 말할 수 없다. 그 전지전능하신 하나님, 그분의 블랙박스에 어떤 삶이 기록되고 촬영이 될지, 우리는 그것을 두려워하며 살아야 할 것이다.

때로 교회 안에서도 내가 듣는 소리가 있다. 당신은 그렇게 살

하나님의 딸, 정희 ●

아도 자신들에게는 '율법적'으로 살라고 하지 말라고 한다. 여행도 적당히 좀 즐기라고들 한다. 사실 나는 교회에서 교제한다고 여행을 가도 따라가 본 적이 없다. 나는 단지 주님이 좋아서 교회 기도실을 찾아 찬양하고 기도할 뿐인데, 나라가 뒤숭숭하고 솔직히 교회 안에도 구원받지 못한 백성이 많은 걸 보며 눈물 흘릴 때가 많다.

나는 늘 마음이 바쁘다. 기도할 거리가 너무 많기에. 다른 것에 마음을 빼앗길 시간도 없고 그 일에 돈을 쓸 마음이 나는 없다. 그런데 내가 지하실 골방에서 기도나 하고 찬송이나 부르고 앉아 있는 모습이 그들에게는 그리 편치 않았던 모양이다. 다른 사람들의 시선은 나에게 중요하지 않다. 그 사람의 중심은 하나님만 아실 테니까. 하지만 한 가지만은 분명히 말하고 싶다. 하나님은 나처럼 온종일 기도하는 자를 사랑하는 것이 아니라, '하나님 뜻대로 사는 그 사람', 그분께 '순종하는 사람'을 사랑하신다.

한번은 누군가가 나에게 소원이 무엇이냐고 물어서 말을 안 했다. 또 율법적이라느니 하는 소리를 듣거나 그들이 나를 이해하지 못할 것이 빤하기에. 교인 중에도 시장에 가면 깎아 달라, 덤으로 달라는 사람들을 어렵지 않게 본다. 나는 그들과 생각이 다르다. 더 받는 것이 마음이 편치 않은 사람이다. 내가 장을 보

는 모습을 보면서 "전도사님은 왜 물건을 사면서 안 깎느냐?"고 묻는 사람이 더러 있다. 그러고는 바로 "하긴 전도사님은 그렇게 안 깎아도 나보다 잘 사시나봐요."라며 자문자답을 한다. 시장통에서 쭈그려 앉아 고생스럽게 하루 벌이하는 사람들을 보면서 나는 그럴 마음이 전혀 없다. 상인들이 나에게 물건을 좀더 얹어주려고 하면 "그만 주세요, 조금만 주세요."라고 오히려 내 쪽에서 말을 한다.

나는 욕심이 없다. 돈 욕심도 없고 먹는 것에도 욕심이 없다. 더 가져서 무엇을 하겠는가. 손해를 보면서 세상에서는 미련하게 사는 것이 우리 그리스도인이 추구하는 삶이 아닌가? 나에게

하나님의 딸, 정희 ●

소원이라면 막내딸이 시집을 가는 것, 그 한 가지 빼고는 이 세상에 다른 소원이 없다. 그런데 그 소원마저도 하나님은 2018년에 들어주셨다. 나의 바람대로 세 딸은 모두 가정을 이루었다.

또 아셀 지파 바누엘의 딸 안나라 하는 선지자가 있어 나이가 매우 많았더라 그가 결혼한 후 일곱 해 동안 남편과 함께 살다가 과부가 되고 팔십사 세가 되었더라 이 사람이 성전을 떠나지 아니하고 주야로 금식하며 기도함으로 섬기더니(누가복음 2:36~37).

성경의 인물인 안나와 같이 나도 기도의 삶을 살다가 하나님이 부르실 때 후회없이 천국으로 가고 싶다. 천국은 결혼하지 않는다. 결국에는 이 땅에서 남자였든 여자였든 천국에서는 우리의 신랑이 되시는 예수 그리스도와 모두 결혼하기 때문이다. 겸손하게 예수님을 잘 믿다가 천국 가는 것, 그것이 나의 진정한 소원이다.

하나님의 딸, 정희

지은이 | 김정희
펴낸이 | 황지은
1판 1쇄 | 2020년 4월 15일

펴낸곳 | 도서출판 여디디야
기획편집 | 유연주 교정교열 | 김지영
디자인 | 제이엘출판다지인
마케팅 | 강경용

출판번호 | 제 352-2019-000018호
등록신고번호 | 251002019000018
주소 | 인천광역시 연수구 독배로 58, 현대아파트2차 207동 1802호
전화 | 010-9193-9958
이메일 | jedidiah_books@naver.com
ISBN | 979-11-970121-0-5 03230

「이 도서의 국립중앙도서관 출판예정도서목록(CIP)은 서지정보유통지원시스템 홈페이지 (http://seoji.nl.go.kr)와 국가자료공동목록시스템(http://www.nl.go.kr/kolisnet)에서 이용하실 수 있습니다.(CIP제어번호: CIP2020013661)」

※ 가격은 뒤표지에 있습니다.
※ 잘못된 책은 구입하신 서점에서 바꾸어 드립니다.